Σ BEST シグマベスト

シグマ基本問題集

公共

文英堂編集部 編

PUBLIC

文英堂

特色と使用法

◎『シグマ基本問題集 公共』は，問題を解くことによって教科書の内容を基本からしっかりと理解していくことをねらった日常学習用問題集である。編集にあたっては，次の点に気を配り，これらを本書の特色とした。

➔ 学習内容を細分し，重要ポイントを明示

➔ 学校の授業にあわせて学習をしやすいように，「公共」の内容を38の項目に分けた。

また，テストに出る重要ポイントでは，その項目での重要度が非常に高く，必ずテストに出るようなポイントだけをまとめてある。問題練習に入る前に，必ず目を通しておこう。

➔ 「基本問題」と「標準問題」の2段階編集

➔ 基本問題は教科書の内容を理解するための問題で，標準問題はやや細かい知識を確認したり，重要ポイントの理解を深めたりする問題である。どちらにも できたらチェック の確認欄を設けてあるので，できたかどうか確認し，弱点の発見に役立ててほしい。

さらに，必要に応じて，問題を解くうえでのヒントや指針となるアドバイスを設けた。解けない問題は，📖ガイドを見て，できるだけ自分で考えよう。

➔ 定期テスト対策も万全

➔ 基本問題の中で，定期テストに出やすい問題には テスト必出 マークをつけた。テスト直前には，これらの問題を優先的に解いて，重要事項を再チェックしよう。

また，標準問題の中で，難易度の高い問題には，差がつく マークをつけた。これらの問題を解いて，実戦的な問題練習に取り組んでおけば，テスト対策は万全である。

➔ くわしい解説つきの別冊正解答集

➔ 解答は答え合わせをしやすいように別冊とし，問題の解き方が完璧にわかるように，くわしい解説をつけた。

また，テスト対策 では，定期テストなどの試験対策上のアドバイスや留意点を示した。大いに活用してほしい。

もくじ

1 青年期の意義と自己形成

◉ 青年期の特徴

① **マージナルマン**(境界人，周辺人)…青年は子どもと大人の２つの集団にはさまれ，そのどちらにも属さない中間的な存在。**レヴィン**のことば。

② **心理・社会的モラトリアム**…青年期は大人への準備期間としてさまざまな責任や義務が一時的に猶予されている時期。**エリクソン**のことば。

③ **第二の誕生**…１度目の生物的な誕生ではなく，社会の中に生きる人間としての２度目の誕生のこと。**ルソー**が著書『**エミール**』の中で述べた。

④ **第二次性徴**…児童期から青年期に移行していくときに生じる，性差を示す身体的な変化の諸特徴。

◉ 欲求と防衛機制

① **マズローの欲求階層説**…人間の欲求は，下位から「生理的」→「安全」→「所属と愛情」→「承認(自尊)」→「自己実現」の順に階層構造的に存在し，下位の欲求が満たされると，次の段階の欲求が現れるとする説。

② **防衛機制**…葛藤や欲求不満に対し，無意識に自己を守ろうとして働く心のしくみ。**フロイト**による。

・**抑圧**…不快・不安なことをおさえつけて，忘れようとする。

・**合理化**…もっともらしい理由をつけて，自分を正当化する。

・**同一視**…満たされない欲求を満たしている他人に，自分を重ねる。

・**反動形成**…欲求と正反対の行動をとって，自分の欲求を抑える。

・**置きかえ**…満たされない欲求を別の対象に向ける(**代償**，**補償**)，社会的に認められた価値のあるものに置きかえる(**昇華**)。

・**逃避**…事態に直面するのを避けて，空想の世界などに逃げこむ。

・**退行**…未熟な段階の行動や思考などに逆戻りする。

◉ 個性の形成

① **パーソナリティ**(個性，人格)…**遺伝**と**環境**の２つの要因が相互に影響。

② **アイデンティティ**(自我同一性)の確立…自分が自分であり固有の存在であることを認識すること。**個性化**と**社会化**の調和がとれた状態。

◉ 社会とのつながり

① **ボランティア活動**…社会とのかかわりを深め，他者に貢献。

② **インターンシップ**…学生が企業などで短期間の就業体験ができる制度。

③ **ジェンダー**…生物学的な性ではなく，社会文化的につくりあげられた性差。

④ **通過儀礼**(イニシエーション)…成人式など，人生の節目に行われる儀式。

基本問題 •• 解答 ➡ 別冊*p.2*

① 青年期の特徴　◀ テスト必出

できたら
チェック◎

　次の文は，青年期についてまとめたものである。空欄にあてはまる語句・人物名をあとのア〜コから選び，それぞれ記号で答えよ。

□ (1)　アメリカの心理学者（　①　）は，青年には大人への準備期間としてさまざまな責任や義務が猶予されていることから，このような状態を（　②　）とよんだ。

□ (2)　（　①　）は，自分らしさに対する確信を意味する「（　③　）の確立」が青年期の重要な課題であるとした。

□ (3)　ドイツの心理学者（　④　）は，青年は子どもと大人という 2 つの異なる集団にはさまれた中間的な存在であり，心理的に不安定な状態にあるとして，青年を（　⑤　）とよんだ。

□ (4)　フランスの思想家（　⑥　）は，単なる生物的な誕生ではなく，自我にめざめ，精神的に自立していこうとする青年期を「（　⑦　）」とよんだ。

　　ア　レヴィン　　　　イ　ハヴィガースト　　　ウ　ルソー　　　エ　エリクソン

　　オ　エミール　　　カ　心理・社会的モラトリアム

　　キ　マージナルマン(境界人，周辺人)　　　ク　第二の誕生

　　ケ　第二反抗期　　コ　アイデンティティ(自我同一性)

② 青年期の課題

　次の説明にあてはまる語句をあとのア〜ケから選び，それぞれ記号で答えよ。

□ (1)　児童期から青年期に移行していくときに生じる，性差を示す身体的な変化の諸特徴のこと。

□ (2)　自我のめざめにともなって，親などへの依存から精神的に自立しようとすること。

□ (3)　精神的な自立にともない，親や教師などに対して反発・反抗すること。

□ (4)　青年は精神的にはまだ十分に自立できていないため，自分自身に自信や確信をもちにくい状態のこと。

□ (5)　苦しい事態に直面したとき，空想などの世界に逃げこむ防衛機制のこと。

□ (6)　相反する 2 つ以上の欲求から 1 つを選択しなければならない状態のこと。

　　ア　心理的離乳　　イ　第二次性徴　　　ウ　第二反抗期

　　エ　アイデンティティの確立　　オ　アイデンティティの拡散

　　カ　欲求不満　　　　　　　　　キ　逃避

　　ク　退行　　　　　　　　　　　ケ　葛藤

□ **3** 欲求階層説 ◀テスト必出

　右の図は，アメリカの心理学者マズローが提
唱した欲求の階層構造を示したものである。A
〜Cにあてはまる内容を選び，それぞれ記号で
答えよ。

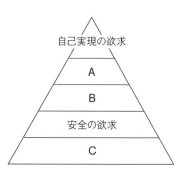

　ア　他者からの尊敬を求める欲求
　イ　真・善・美などに対する欲求
　ウ　生命維持に直接かかわる欲求
　エ　集団への所属や家族の愛情を求める欲求

📖 **ガイド**　マズローは，欲求は5つの階層をなすと考えた。

4　防衛機制 ◀テスト必出
　次の説明にあてはまる防衛機制の種類を答えよ。

□ (1)　何かと理由をつけて自分自身の正当性を確保したり，他のものに責任転嫁を
　　　したりすること。
□ (2)　自分の欲求を実現可能な欲求に置きかえ，代わりのもので満足すること。
□ (3)　満たされない欲求を満たしている他人に，自分を重ねることで満足すること。
□ (4)　欲求の対象を，研究，芸術，スポーツなど社会的に認められた価値のあるも
　　　のに移し，それに情熱を向けること。
□ (5)　発達の前段階に逆戻りして，問題解決を避けること。
□ (6)　苦しい事態に直面したとき，その事態から逃げて傷つくのを防ぐこと。
□ (7)　自分の欲求と正反対の行動をとることによって，欲求の表出を防ぐこと。
□ (8)　実現困難な欲求や望ましくない願望などを，無意識のうちにおさえつけて，
　　　なかったこととしたり，無理やり忘れようとしたりすること。

5　個性の形成と社会とのつながり
　次の各問いに答えよ。

□ (1)　パーソナリティ(個性，人格)を形成する要素として，環境のほかにあげられ
　　　るものを1つ選び，記号で答えよ。
　　　ア　感情　　イ　気質　　ウ　欲求　　エ　遺伝　　オ　能力
□ (2)　ジェンダーの説明として正しいものを1つ選び，記号で答えよ。
　　　ア　男女の性的な違いのこと。　　　イ　男女の身体的な違いのこと。
　　　ウ　男女の精神的な違いのこと。　　エ　男女の社会文化的な違いのこと。

標準問題 ●● 解答 ➡ 別冊 *p.2*

できたら
チェック

□ **6** 青年期に関する言葉と，これを主張した人物の組合せとして正しいものを
1つ選び，記号で答えよ。

ア　青年期は自己のアイデンティティを模索する時期である。—エリクソン

イ　青年は大人でも子どもでもないマージナルマンである。——ルソー

ウ　青年期は「第二の誕生」の時期である。———————————ハヴィガースト

エ　青年期の発達課題には「職業の選択・準備」などがある。—レヴィン

7 〈 差がつく 〉 次の空欄にあてはまる語句を答えよ。

□(1)　アイデンティティが確立した状態とは，内面的な側面である（　①　）と，社会的な側面である（　②　）の調和がとれた状態をいう。

□(2)　フランスの思想家ルソーは，著書『（　③　）』の中で，「われわれは，いわば2度この世に生まれ出る。1度目は（　④　）ために，2度目は（　⑤　）ために。」と述べた。

□(3)　学生が職業選択の参考にするなどの目的で，企業などで一定期間，業務を体験することは，（　⑥　）とよばれている。

□ **8** 〈 差がつく 〉 青年期に関する記述として正しいものを1つ選び，記号で答えよ。

ア　レヴィンは，青年をマージナルマン（境界人，周辺人）とよび，大人の集団にも子どもの集団にも安定した帰属意識をもつ中間的な存在だとした。

イ　フロイトは，青年期において，大人としての責任や義務が免除されることを，心理・社会的モラトリアムと名づけた。

ウ　子どもから大人への過渡期である青年期は，時代や社会が変化しても，その開始時期や継続期間は一定であるとされる。

エ　おもに青年期において明確となる，性差を示す身体的な変化の諸特徴は，第二次性徴とよばれる。

オ　青年期において，精神的な面で親からの独立を求めることは通過儀礼とよばれる。

□ **9** 日本の通過儀礼として適当でないものを1つ選び，記号で答えよ。

ア　還暦　　イ　七五三　　ウ　結婚　　エ　節分

📖 ガイド　通過儀礼とは，人生の重要な節目に行われる儀礼・儀式のこと。

2 哲学・宗教と人間

◉ 哲学と人間

① ソクラテス…「無知の知」（自分は真理について何も知らないという自覚）が真理探究の出発点であるとし，問答法を用いる。人間にとって「ただ生きることではなく，よく生きること」が大切であるとした。

② プラトン…ソクラテスの弟子。理性のとらえる**イデア**（事物の真実の姿）を重視し，真・善・美など価値あるものを求める愛を**エロス**とよんだ。

③ アリストテレス…プラトンの弟子。「**人間はポリス的（社会的）動物である**」と述べ，現実の社会の中で幸福や正義が実現されていくとした。

④ パスカル…人間を「**考える葦**」とよび，自然の中で最も弱い存在である人間は，考えるところにその尊厳の根拠があると指摘した。

◉ 三大世界宗教

① **キリスト教**…イエスが開祖。聖典は『旧約聖書』と『**新約聖書**』。すべての人間に無償・平等の愛である**神の愛（アガペー）**が注がれているとし，隣人愛の大切さを説く。宗派はカトリック，プロテスタントなど。

② **イスラーム**…ムハンマドが開祖。聖典は『**クルアーン（コーラン）**』。唯一絶対神アッラーを信じ，**六信五行**に従って生活。偶像崇拝の禁止。宗派はスンナ派，シーア派など。

③ 仏教…ゴータマ＝シッダッタ（ゴータマ＝ブッダ）が開祖。すべてのものはたがいに依存し合って成立し，それ自体で独立して存在するものはない（**縁起の法**）とし，**諸行無常・諸法無我**の思想につながる。また，慈悲の心の大切さを説く。上座部仏教（南伝仏教）と**大乗仏教**（北伝仏教）に発展。

◉ 中国の思想

① 儒家

・孔子…儒家の祖。親子や兄弟の間の親愛の情をもとにした**仁**と，これが外面に表れた**礼**を重視。『論語』にその言行が記されている。

・孟子…人間は生まれつき善であるとする**性善説**を説き，あわれみの心など，善を実践する能力を生まれつきもっているとした。

・荀子…人間の本性は欲望であるとして**性悪説**を説き，礼に従うことによって，社会の安全と秩序が維持できるとした。

② 道家…祖である**老子**や**荘子**らの思想。老子は，儒家の人為的な道徳を批判し，万物の根源を**道**ととらえ，**無為自然**に生きることを理想とした。

基本問題 •• 解答 ➡ 別冊*p.2*

⑩　哲学と人間　◀ テスト必出

_{できたら チェック}　次の文は，ギリシャ思想や近代科学の考え方についてまとめたものである。空欄にあてはまる語句・人物名を答えよ。

☐ (1)　（　①　）は，自分が何も知らないことを自覚する「（　②　）」こそが真の知への出発点であるとした。

☐ (2)　（　①　）は，（　③　）とよばれる対話によって，アテネの人々を独断や思い込みから解放し，自分の無知を自覚させようとした。

☐ (3)　理性のとらえるイデアを重視した（　④　）は，真・善・美など価値あるものを求める愛をエロスとよんだ。

☐ (4)　（　⑤　）は，「人間は（　⑥　）的動物である」と述べ，現実の社会の中で人間の幸福や正義が実現されていくとした。

☐ (5)　（　⑦　）は，人間を「（　⑧　）」と表現し，考えるところに人間の尊厳の根拠があるとした。

⑪　三大世界宗教

次の表は，三大世界宗教についてまとめたものである。これを見て，あとの各問いに答えよ。

	キリスト教	イスラーム	仏　教
開　　祖	（　ア　）	（　イ　）	ゴータマ＝シッダッタ
聖　　典	『旧約聖書』『（　ウ　）』	『（　エ　）』	仏典
教　　え	神の愛（アガペー），隣人愛	六信五行，偶像崇拝の禁止	縁起の法，慈悲，八正道
代表的な宗　　派	（　オ　），プロテスタント，正教会	スンナ派，（　カ　）派	（　キ　），上座部仏教，チベット仏教

☐ (1)　表中の空欄にあてはまる人物名・語句を答えよ。

(2)　次の説明にあてはまるものを，表中の語句からそれぞれ選べ。

☐　①　「すべてのものはたがいに依存し合って生起し，それ自体で独立して存在するものはない」という教義。

☐　②　いたわりや思いやりなど，他者にささげる自己犠牲的な愛のこと。

☐　③　苦しみの中にある人に対して楽を与え，苦しみを取り除く愛。

☐　④　神によってすべての人間にそそがれる無償・平等の愛。

☐　⑤　快楽主義と苦行主義のいずれにもかたよらない中道の具体的実践のこと。

☐　⑥　神，来世_{らいせ}，天命_{てんめい}などを信じ，礼拝，喜捨，断食_{だんじき}を実践すること。

12 中国の思想 ◀テスト必出

中国の思想について，次の各問いに答えよ。

□ (1) 儒家の思想の特徴を表した語句として正しいものを1つ選び，答えよ。

　　ア 「兼愛」　　イ 「仁」「礼」　　ウ 「道」「自然」　　エ 「隣人愛」

(2) 次の説明にあてはまる人物をあとのア〜エから選び，それぞれ記号で答えよ。

□ 　① 儒家の祖で，「自分がしてほしくないことを，他人にしてはならない」と述べた。

□ 　② 道家の祖で，無為自然に生きることを理想とした。

□ 　③ 人間の本性は欲望であるとして性悪説をとなえた。

□ 　④ 人間の本性は善であるとする性善説をとなえた。

　　ア 孟子　　イ 孔子　　ウ 老子　　エ 荀子

でき
たら
チェック **標準問題**●● 解答 ➡ 別冊*p.3*

□ **13** ◀差がつく 宗教に関する記述として適当でないものを1つ選び，答えよ。

　ア 三大世界宗教とは，キリスト教，イスラーム，仏教の3つの宗教のことをさし，その他に，ユダヤ教やヒンドゥー教などの民族宗教がある。

　イ キリスト教は，心から神を愛し，無償・無差別な愛を周囲の人々に実践することを大切にしており，ヨーロッパや南北アメリカを中心に広がっている。

　ウ イスラームは，偶像崇拝を禁止し，礼拝・断食・巡礼などの五行を義務づけるもので，西アジアから北アフリカを中心に広がっている。

　エ 仏教は，生きとし生きけるものすべてに，楽しみを与え苦しみを除く喜捨の心の大切さを説いており，南アジアや東アジアを中心に広がっている。

□ **14** 哲学と儒家に関する記述と人物の組合せとして正しいものを1つ選び，答えよ。

　ア 哲学とは，理性によって事物の真実の姿であるイデアを見いだすことであると考えた。
　　　　　　　　　　　　　　　　　　　　　　　　　　　　　　──ソクラテス

　イ ただ生きるのではなく「よく生きる」ということの大切さを説いた。
　　　　　　　　　　　　　　　　　　　　　　　　　　　　──アリストテレス

　ウ 人として最も大切なものは仁であるとし，仁の実践形式としての礼を重視した。
　　　　　　　　　　　　　　　　　　　　　　　　　　　　　　　　　──孔子

　エ ものごとをあるがままに自然にまかせて生きるのがよいとした。　──孟子

3 西洋の自然観・人間観

◉ **近代科学の考え方**
　① **ベーコン**…経験的事実から一般的法則を見いだしていく**帰納法**を説いた。「知は力なり」と述べ，**イドラ**(偏見・先入観)の排除を重視。経験論の祖。
　② **デカルト**…確実な真理から出発し，理性的推論によって個々の事実について知識を見いだしていく**演繹法**を説いた。**方法的懐疑**によって導き出した「**われ思う，ゆえにわれあり**」を第一の原理とする。合理論の祖。

◉ **人間の尊厳**
　① **カント**…人間は道徳的な意志をもって自律的に行動することができる人格として尊厳をもつ。人格を尊重し合う**目的の国**を理想とした。
　② **ヘーゲル**…カントの思想を批判的に発展→自由は現実の社会生活のなかで実現される(**人倫**)。**弁証法**をとなえる。

◉ **功利主義**…快楽や幸福を生み出すかどうかを基準として善悪を判断する。
　① **ベンサム**…人間の本性は快楽を求め，苦痛を避けるものであるとし，行為の基準を「**最大多数の最大幸福**」に求めた。快楽を量的にとらえる(**快楽計算**)。
　② **J. S. ミル**…功利主義を修正→精神的快楽や他人への思いやりの心など，快楽の質を追究。個人の自由を尊重する。

◉ **実存主義**…一人ひとりの人間が主体的な個人としてのあり方を取り戻すべきであると主張→**キルケゴール**。実存主義の系譜→**ニーチェ**(ニヒリズム，超人の思想)，**ハイデッガー**(『**存在と時間**』)。サルトル…「**実存は本質に先立つ**」と主張。社会参加(**アンガジュマン**)の大切さを説く。

◉ **構造主義**…人間の主体性と理性について疑念をもつ→無意識的な「構造」が規定していると主張。**レヴィ＝ストロース**ら。

◉ **大衆社会**
　① **リースマン**…人間の性格類型を，**伝統指向型，内部指向型，他人指向型**の３つに分類(『**孤独な群衆**』)。
　② **アドルノ**…**権威主義的パーソナリティ**をもつ人々がファシズムの台頭を支えたと指摘。**ホルクハイマー**らとともに**フランクフルト学派**に属する。
　③ **ハーバーマス**…活発な対話(コミュニケーション)を通じて，合意形成をはかる**対話的理性**による社会形成を主張。

基本問題 •• 解答 ➡ 別冊*p.3*

15 近代科学の考え方 ◀ テスト必出

できたら チェック

次の空欄にあてはまる語句・人物名をあとのア〜コから選び，それぞれ記号で答えよ。

☐ (1) （ ① ）は，観察や実験によって得られたさまざまな事実を土台として，それらに共通する一般法則を導き出す（ ② ）を提唱した。

☐ (2) （ ① ）が正しい知識を得るために排除する必要があるとした，人間のもつ偏見・先入観のことを（ ③ ）という。
せんにゅうかん

☐ (3) （ ④ ）は，確実な真理を前提とし，理性的な推論を重ねることによって論理的に個々の結論を導く（ ⑤ ）を提唱した。

☐ (4) （ ④ ）が提唱した，確実な原理を探究するためにあらゆるものを疑うことを（ ⑥ ）という。

ア デカルト	イ ヘーゲル	ウ ベーコン	エ イドラ
オ イデア	カ 弁証法 べんしょうほう	キ 演繹法 えんえき	ク 帰納法 きのう
ケ 方法的懐疑 かいぎ	コ 物心二元論（心身二元論）		

16 人間観 ◀ テスト必出

次の説明にあてはまる人物名をあとのア〜カから選び，それぞれ記号で答えよ。

☐ (1) できるだけ多くの人々にできるだけ多くの幸福をもたらすのが最善の行為であると考えた。

☐ (2) 広く社会とかかわり人類の運命に参加していくことの重要性を訴え，社会参加（アンガジュマン）をよびかけた。

☐ (3) 未開社会の思考は象徴的思考であり，神話的な思考をもっているが，文明社会に劣るとはいえないと主張した。

☐ (4) 功利主義を，富の公正な配分という正義の考え方が欠けているとして批判した。
こうり

☐ (5) 快楽には質的差異があると考え，精神的快楽や他人への思いやりの心の大切さなど，快楽の質を追究した。

☐ (6) たがいの人格を認め合い，目的として尊重し合う社会を「目的の国」とよび，理想とした。

ア サルトル	イ カント	ウ レヴィ＝ストロース
エ ロールズ	オ ベンサム	カ J.S.ミル

17 大衆社会

次の説明にあてはまる人物名をあとのア〜エから選び，それぞれ記号で答えよ。

□(1)　大衆社会にみられる性格類型を，他人の意見に敏感で同調しやすい他人指向型であるとした。

□(2)　自由がもたらす孤独（こどく）や不安から逃れるために，逆に自分を拘束（こうそく）する権威（けんい）を求める人々の心理を分析した。

□(3)　相手の承認を認め合意をめざす行為をコミュニケーション的行為とよび，対話的理性による社会形成をすべきだとした。

□(4)　権威をもつ者には従順に従い，弱者に対しては絶対的な服従を要求する，大衆の性格を権威主義的パーソナリティと名づけた。

ア　ハーバーマス　　イ　フロム　　ウ　アドルノ　　エ　リースマン

できたらチェック。

標準問題 ●●●●●●●●●●●●●●●●●●●●●●●●●●●●●●●●●●●●● 解答 ➡ 別冊*p.4*

18　思想家と，その思想家が表現したことばの組合せとして正しいものを1つ選び，記号で答えよ。

ア　「われ思う，ゆえにわれあり」―――ベーコン

イ　「最大多数の最大幸福」―――――J. S. ミル

ウ　「実存は本質に先立つ」―――――カント

エ　「神は死んだ」―――――――――ニーチェ

19　**◀差がつく**　人間の尊厳や大衆社会に関する記述として正しいものを1つ選び，記号で答えよ。

ア　ロールズは，功利（こうり）主義の立場を継承し，自由と公平を実現することが正義であると定義づけた。

イ　フロムは，強い者に対しては従順に従う権威主義的パーソナリティをもつ人々がファシズムの台頭を支えていたと指摘した。

ウ　合理論の祖といわれるデカルトは，人間は理性によって真理に到達できると考えたが，確実な知識を獲得するため，すべてのものを疑ってみる方法的懐疑を用いた。

エ　リースマンは，人々の社会的性格が「伝統指向型」や「他人指向型」から「内部指向型」へと変わりつつあることを指摘した。

📖*ガイド*　エ．「他人指向型」は大衆社会に特有な類型。

4　日本の伝統思想と外来思想の受容

○ 伝統的な信仰と日本人の伝統的倫理観

① **八百万神**(やおよろずのかみ)…山川草木，岩石など自然にやどる無数の神々のこと。

② **清き明き心**(きよきあかき)(**清明心**(せいめいしん))…古代に重んじられた，表裏のないまっすぐな心。
→**正直**(しょうじき)(中世)，**誠**(まこと)(近世)。

○ 仏教思想の受容

① **聖徳太子**…仏教にもとづく「和」の精神の尊重。

② **奈良・平安時代**…奈良時代は鎮護国家(ちんご)の役割。平安時代に日本仏教の基礎ができる。**最澄の天台宗**，**空海の真言宗**(くうかい)。

③ **鎌倉時代**…日本独自の仏教思想が生まれ，民衆に受容される。
・**法然**(ほうねん)(**浄土宗**(じょうど))…ひたすら念仏をとなえる**専修念仏**(せんじゅねんぶつ)。
・**親鸞**(しんらん)(**浄土真宗**(じょうどしん))…念仏さえも阿弥陀仏(あみだぶつ)のはからいであるとする絶対他力。
・**栄西**(えいさい)(**臨済宗**(りんざい))…戒律と坐禅。　・**道元**(どうげん)(**曹洞宗**(そうとう))…ひたすら坐禅(**只管打坐**(しかんたざ))。
・**日蓮**(にちれん)(**日蓮宗**)…「南無妙法蓮華経(なむみょうほうれんげきょう)」という題目をとなえる(**唱題**(しょうだい))。

○ 日本的儒教と国学(じゅきょう)

① **儒教**…**林羅山**(はやしらざん)，**中江藤樹**(なかえとうじゅ)，**山鹿素行**(やまがそこう)，**伊藤仁斎**(いとうじんさい)，**荻生徂徠**(おぎゅうそらい)。

② **国学**…**賀茂真淵**(かものまぶち)，**本居宣長**(もとおりのりなが)，**平田篤胤**(ひらたあつたね)。宣長は**真心**を重視し，「もののあはれ」こそ日本人に固有な精神のあり方とした。

○ 西洋思想の受容

① **福沢諭吉**(ふくざわゆきち)…**独立自尊**の精神と**実学**の重要性を説いた。『**学問のすゝめ**』。

② **佐久間象山**(さくましょうざん)…「東洋道徳，西洋芸術」を説き，**和魂洋才**(わこんようさい)を主張。

③ **内村鑑三**(うちむらかんぞう)…キリスト教精神と武士道の融合を説いた。「二つのＪ」。

④ **近代日本哲学**…**西田幾多郎**(にしだきたろう)「**純粋経験**」，**和辻哲郎**(わつじてつろう)「**間柄的存在**(あいだがら)」。

⑤ **文学**…**夏目漱石**(なつめそうせき)「**内発的開化**」，**森鷗外**(もりおうがい)「**かのように**」の哲学。

⑥ **民俗学**…**柳田国男**(やなぎたくにお)『**遠野物語**(とおの)』，**折口信夫**(おりくちしのぶ)『**古代研究**』。

基本問題 ●●●●●●●●●●●●●●●●●●●●●●●●●●●●●●●●●●●●●● 解答 ➡ 別冊 *p.4*

20 日本の伝統　◀テスト必出▶

〔できたらチェック〕

日本の伝統的な信仰や伝統的な倫理観について，各問いに答えよ。

☐ (1) 日本の神は非常に種類が多いとされるが，その神々を総称して何とよぶか。

☐ (2) 古代日本人が重んじた，純粋で清い心のことを何というか。

☐ (3) 中世に重んじられた，私利私欲のない心のことを何というか。

㉑ 鎌倉仏教 ◀テスト必出

次の説明にあてはまる人物と宗派名をそれぞれ答えよ。

□ (1) 難しい修行や学問をしなくても，一心に念仏をとなえることでだれでも極楽往生できると説いた。

□ (2) 「南無妙法蓮華経」の題目をとなえれば，すべての人々も国家も救われると説いた。

□ (3) ひたすら坐禅に打ち込む只管打坐による悟りを説いた。

㉒ 日本の伝統思想と外来思想の受容 ◀テスト必出

次の説明にあてはまる人物名をあとのア〜エから選び，それぞれ記号で答えよ。

□ (1) 私利私欲を慎み天理に従う敬を武士の徳として重要視し，朱子学を幕府の官学とする基礎を築いた。

□ (2) 『古事記』の研究を通して，日本人の本来の精神には素直でおおらかな真心があるとした。

□ (3) 主著『学問のすゝめ』で「天は人の上に人を造らず，人の下に人を造らず」と述べ，独立自尊の精神と実生活で役に立つ実学の重要性を説いた。

□ (4) 人間は何らかの関係性において存在する間柄的存在であると主張し，倫理学を「人間の学」と名づけた。

ア 福沢諭吉　イ 本居宣長　ウ 林羅山　エ 和辻哲郎

標準問題 ●●●●●●●●●●●●●●●●●●●●● 解答 ➡ 別冊*p.4*

㉓ 日本の思想に関する記述として正しいものを1つ選び，記号で答えよ。

ア 伊藤仁斎は，自他いずれにも偽りをもたない純真な心である孝を重視し，朱子学の形式主義を批判した。

イ 内村鑑三は，キリスト教信仰を確立し，イエス(Jesus)と日本(Japan)という「二つのJ」に仕えることを宣言した。

ウ 西田幾多郎は，無名の人々からなる常民こそが日本文化の担い手であると考え，常民の生活や習俗の調査・研究を通して民俗学を形成した。

エ 柳田国男は，西洋哲学の主観と客観が対立する以前の状態に純粋経験を見いだし，それが真の実在であるとした。

📖ガイド　ア．伊藤仁斎は，孔子の思想の核心を「仁」とみなした。

5 民主政治の原理と法の支配

◉ **近代国家の思想**
① **近代以前のヨーロッパ**…**王権神授説**により，君主が絶対的な支配権をもつ。
② **市民革命**…人間は自由で平等であるとの考えをもとに，民主政治を実現。
③ **社会契約説**…人々の自由・平等な合意にもとづく契約によって社会は成立するという考え方。市民革命を理論的に支えた。
・**ホッブズ**…自然状態を「**万人の万人に対する闘争**」状態ととらえ，国家に自然権を譲渡しなければならないとした。『**リバイアサン**』。
・**ロック**…自然権の一部を信託して国家をつくり，国家が自然権を侵害した場合，抵抗権（革命権）を行使できるとした。『**統治二論（市民政府二論）**』。
・**ルソー**…一般意志の形成を説き，人民主権による直接民主制を主張。『**社会契約論**』。

◉ **民主政治の基本原理**…17〜18世紀の市民革命により実現。
① **基本的人権の保障**…人間として生まれながらにもっている権利（自然権）。
・**法の支配**…権力の行使は，法にもとづいて行われるという原則。
② **人民主権**…人民が主権をもち，民主政治として人民が自ら統治する。直接民主制と間接民主制（議会制民主主義）。
③ **権力分立**…立法・行政・司法など権力相互間に抑制と均衡をもたせ，権力の濫用を防ぐしくみ。→**モンテスキュー**は『**法の精神**』で三権分立を主張。

◉ **人権保障の展開**
① **人権の歴史**…17〜18世紀は自由権が中心。20世紀に入ると，社会権が主張されるようになった→**ワイマール憲法**（1919年）。
② **人権の国際化**…世界人権宣言，人種差別撤廃条約，国際人権規約，**女性**（女子）差別撤廃条約，**子ども**（児童）の権利条約。

◉ **世界のおもな政治体制**
① **イギリス**…**議院内閣制**（内閣が議会の信任のもとに成立）。
・**下院優位の原則**…大きな権限。下院で多数を占めた政党の党首が首相。
・**影の内閣（シャドー・キャビネット）**…政権交代に備え，野党が組織する内閣。
② **アメリカ**…**大統領制**（厳格な三権分立），連邦制。
・**大統領**…任期4年。大統領選挙人による間接選挙で選出される。政策などを示す教書を連邦議会に送付。議会の決定に対する**拒否権**をもつ。
③ **フランス**…大統領制と議院内閣制の混合。大統領は国民の直接選挙で選出。
④ **中国**…権力集中制。**全国人民代表大会**（全人代）が国家権力の最高機関。

基本問題 •• 解答 ➡ 別冊 *p.5*

24 民主政治の原理 ◀ テスト必出

できたら
チェック○

次の各問いに答えよ。

(1) 次の説明にあてはまる語句を答えよ。

□ ① 王は神から絶対的な支配権を与えられたとする考え方。

□ ② 社会や国家は，自然権を守るために，人々の自由・平等な合意にもとづく
契約によって成立したとする考え方。

□ ③ 権力の行使は法にもとづいて行われ，そのために法の民主的な手続きと内
容の正当性が大切であるとする考え方。

□ ④ 立法・行政・司法など権力相互間に抑制と均衡をもたせ，権力の濫用を防
ぐしくみ。

□ (2) 次の表の空欄にあてはまる人物名・著書名をあとのア～クから選び，それぞ
れ記号で答えよ。

思想家	主 著	その考え
(①)	(⑤)	自然状態は「万人の万人に対する闘争」状態だから，政府に自然権を譲渡して絶対的に服従すべきである。
(②)	(⑥)	自然権の一部を信託して政府をつくり，政府が信託に反した場合，抵抗権を行使できる。
(③)	(⑦)	人民主権が大切であり，社会全体の利益の実現をめざす一般意志によって自由と平和が実現する。
(④)	(⑧)	権力の濫用を防止するため，国家権力を立法権・行政権・司法権に分け，たがいに抑制し合うべきである。

ア ルソー　　　　イ ホッブズ　　　ウ モンテスキュー　　エ ロック

オ 『法の精神』　　カ 『社会契約論』　キ 『リバイアサン』

ク 『統治二論(市民政府二論)』

25 人権の国際化

次の説明にあてはまる宣言・条約名を答えよ。

□ (1) 1948年に国連総会で採択された，すべての国が達成すべき人権の共通基準
を示した宣言。

□ (2) 1966年に採択された，(1)を具体化し，法的拘束力をもたせた条約。

□ (3) 1979年に採択された，男女の事実上の平等を保障するための条約。

□ (4) 1989年に採択された，子どもを権利行使の主体と位置づけた条約。

26 世界のおもな政治体制

世界のおもな政治体制について，次の各問いに答えよ。

(1) 次の説明にあてはまる語句を答えよ。

□　① イギリスで発達した，内閣が議会の信任のもとに成立するしくみ。

□　② イギリスにおいて，政権交代に備えて野党があらかじめ組織している内閣。

□　③ アメリカ大統領が連邦議会に提出する，政策，法案や予算の審議を勧告する文書。

□　④ アメリカのように，各州に大きな自治権を与えている国家の制度。

□　⑤ 中国において，最高権力をもつ一院制の議会として設置されている機関。

(2) 次の文は，アメリカの政治制度について述べたものであるが，下線部分は誤っている。それぞれ正しい語句に改めよ。

□　① 大統領の任期は <u>6 年</u>で，三選は憲法で禁止されている。

□　② 大統領は，<u>連邦議会</u>に対して責任を負う。

□　③ 大統領は，議会が可決した法案に対する<u>違憲(法令)審査権</u>をもつ。

□　④ 民主党と<u>保守党</u>の二大政党制である。

標準問題 ●● 解答 ➡ 別冊*p.5*

できたら
チェック

□ **27** 次のA〜Cとそれを主張した人物の組合せとして正しいものを1つ選び，記号で答えよ。

A　当時の政治社会を批判して立憲政治の必要性を説き，国家権力を立法権・行政権・司法権に分け，たがいに抑制・均衡し合うべきとする三権分立論を主張した。著書に『法の精神』がある。

B　人間の自然状態を「万人の万人に対する闘争」状態であるととらえ，生命を保全するために強い国家権力が必要であるとして，結果的に絶対王政を擁護した。著書に『リバイアサン』がある。

C　主権はあくまでも国民にあり，国家は国民が主権の執行を委託するためにつくったものであるとし，国家が人権を侵害するときには国民は抵抗権(革命権)を行使できるとした。著書に『統治二論(市民政府二論)』がある。

ア　A：ルソー　　　　　　B：ロック　　　　C：ホッブズ

イ　A：ルソー　　　　　　B：ホッブズ　　　C：ロック

ウ　A：モンテスキュー　　B：ロック　　　　C：ルソー

エ　A：モンテスキュー　　B：ホッブズ　　　C：ロック

📖ガイド　BとCは社会契約説とよばれる考え方である。

28 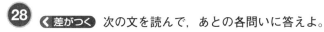　**＜差がつく**　次の文を読んで，あとの各問いに答えよ。

　民主政治は，a基本的人権の保障，b人民主権，権力分立といった基本原理によって支えられている。これらは，自然権思想にもとづいた社会契約説を背景として生み出され，17〜18世紀に起こったc市民革命によって実現された。今日の民主政治は，大きくd議院内閣制とe大統領制に分けられるが，世界には一党支配体制や独裁体制をとっている国もある。

□ (1)　下線部aについて，人権に関する次の国際条約などを採択された順に並べかえ，記号で答えよ。

　　ア　人種差別撤廃条約　　イ　国際人権規約

　　ウ　世界人権宣言　　　　エ　死刑廃止条約

(2)　下線部bについて，次の各問いに答えよ。

□　　①　「人民の人民による人民のための政治」ととなえたアメリカ大統領はだれか。

□　　②　「人民による政治」は，大きく2つに分けられる。その1つである，主権者である国民が代表者を通して政治を行うしくみを何というか。

□ (3)　下線部cについて，ロックは国民の代表者による政治を理論づけ，ある革命を正当化した。この革命を次から1つ選び，記号で答えよ。

　　ア　ピューリタン革命　　イ　名誉革命

　　ウ　フランス革命　　　　エ　アメリカ独立革命

□ (4)　下線部dについて，議院内閣制はイギリスで発達した。イギリスの政治制度に関する記述として適切でないものを次から1つ選び，記号で答えよ。

　　ア　首相には，通常，下院の多数党の党首が選ばれ，国王によって任命される。

　　イ　議会は二院制を採用しており，上院・下院とも議員は直接選挙で選ばれる。

　　ウ　議会の信任を失った場合，内閣は下院を解散するか，総辞職をしなければならない。

　　エ　内閣は，議会に対して連帯して責任を負う。

□ (5)　下線部eについて，アメリカの大統領制に関する記述として正しいものを次から1つ選び，記号で答えよ。

　　ア　大統領は，国民の直接選挙により連邦議会議員の中から選出される。

　　イ　大統領は連邦議会を解散することができ，これに対して，連邦議会は不信任決議によって大統領を罷免する権限をもつ。

　　ウ　大統領は，連邦議会に法案を提出することはできないが，連邦議会が可決した法案に対して拒否権をもつ。

　　エ　大統領の任期は3年であり，三選は憲法により禁止されている。

📖ガイド　(5) アメリカ大統領は，国民が選出した大統領選挙人により選挙される。

6 日本国憲法の基本原理

◇ **大日本帝国憲法（明治憲法）**
① **欽定憲法**…天皇が定めた憲法←プロイセン憲法が手本。
② **天皇大権**…統治権を総攬。**統帥権**（陸海軍を指揮・命令する権限）をもつとされた。
③ **臣民の権利・義務**…権利は「**法律の範囲内**」に制限。納税・兵役の義務。
④ **政治機構**…帝国議会（天皇の協賛機関），内閣（天皇の輔弼機関）。

◇ **日本国憲法の成立**
① **ポツダム宣言**（1945年）…無条件降伏，軍国主義の根絶，基本的人権の尊重，民主主義の実現を要求→受諾。
② **制定過程**…GHQが日本政府に憲法改正を指示→政府が作成した**松本案**は大日本帝国憲法に類似→GHQによる草案作成→帝国議会で修正し，可決。
③ **公布・施行**…1946年11月3日公布，1947年5月3日施行。

◇ **日本国憲法の三大原理**
① **国民主権**…国の政治のあり方を最終的に決定するのは国民であること。
・**象徴天皇制**…天皇は日本国および日本国民統合の**象徴**。内閣の助言と承認に従い，衆議院の解散や国会の召集，法律や条約の公布といった**国事行為**のみを行う。
② **基本的人権の尊重**…人間が生まれながらにしてもっている永久不可侵の権利をすべての人に保障すること。**公共の福祉**に反しない限り最大限尊重されなければならない。
③ **平和主義**…前文で平和のうちに生存する権利（平和的生存権）を保障。第9条で戦争の放棄，戦力の不保持，交戦権の否認を規定。

基本問題 ………………… 解答 ➡ 別冊*p.6*

29 大日本帝国憲法と日本国憲法 【テスト必出】

できたらチェック○

次の各問いに答えよ。
(1) 大日本帝国憲法について，次の問いに答えよ。
□ ① 大日本帝国憲法のように，君主（天皇）が定めた憲法を何というか。
□ ② 天皇がもっていた国土・人民を統治する権限を何というか。
□ ③ 天皇がもっていたとされる陸海軍を指揮・命令する権限を何というか。

□ (2) 次の表は，大日本帝国憲法と日本国憲法についてまとめたものである。表中の空欄にあてはまる語句をあとのア～カから選び，それぞれ記号で答えよ。ただし，同じ語句を何度使ってもよい。

大日本帝国憲法		日本国憲法
（ ① ）主権	主 権	（ ⑥ ）主権
「（ ② ）の権利」として与えられ，（ ③ ）による制限あり	国民の権利	基本的人権は永久不可侵の権利
帝国議会で，天皇の（ ④ ）機関	議 会	国会といい，国権の最高機関
（ ⑤ ）の名による裁判	裁判所	司法権の独立，違憲立法審査権あり

ア 国民　　イ 臣民　　ウ 天皇　　エ 法律　　オ 協賛　　カ 輔弼

30 天皇の地位

天皇について，次の各問いに答えよ。

□ (1) 次の文は，天皇の地位について規定した日本国憲法の第1条の内容である。文中の空欄に共通してあてはまる語句を答えよ。

　　　天皇は，日本国の（　　）であり，日本国民統合の（　　）である。

□ (2) 日本国憲法に定められている天皇の儀礼的・形式的な行為を何というか。

□ (3) (2)に対して助言と承認を与える機関を何というか。

□ (4) (2)にあてはまらないものを次から1つ選び，記号で答えよ。

　　ア 内閣総理大臣の任命　　　　イ 法律の公布　　　ウ 衆議院の解散
　　エ 最高裁判所長官の任命　　　オ 国会の召集　　　カ 外国との条約の締結

標準問題 •• 解答 ➡ 別冊***p.6***

31 大日本帝国憲法と日本国憲法に関する記述として正しいものを1つ選び，記号で答えよ。

　ア 大日本帝国憲法では，国民の権利を「臣民の権利」として保障しており，帝国議会が法律によってこれを制限することは一切できないとされた。

　イ 大日本帝国憲法は，天皇主権をすべてに優越する基本原理とする一方，裁判所が法律に対して違憲（法令）審査権を行使することは認めていた。

　ウ 日本国憲法は，GHQによるマッカーサー草案をもとに日本政府が政府案を作成し，帝国議会で修正された上で可決して制定された。

　エ 日本国憲法は，形式的には大日本帝国憲法を改正したものであり，国民主権，法の下の平等，自由権の保障を三大基本原理としている。

7 基本的人権の保障

◐ **自由権**…国家権力から不当に介入や干渉されない権利(「国家からの自由」)。
　① **精神の自由**…思想・良心の自由, 信教の自由, 集会・結社・表現の自由など。
　　・**政教分離の原則**…国は宗教上の問題に一切かかわらないという原則。津地鎮祭訴訟で合憲判決, 愛媛玉ぐし料訴訟で違憲判決が出された。
　② **人身(身体)の自由**…奴隷的拘束および苦役からの自由, 法定手続きの保障, **罪刑法定主義**, 令状主義, 黙秘権の保障, 不当逮捕の禁止など。
　③ **経済活動の自由**…居住・移転および職業選択の自由, 財産権の保障。公共の福祉により制限される場合がある。

◐ **平等権**…すべての個人が人間としてひとしく扱われるという権利。
　① **法の下の平等**…第14条。人種, 信条, 性別, 社会的身分などでの差別否定。
　② **平等権に関する規定**…両性の本質的平等, 参政権の平等など。
　③ **差別問題の存在**…在日韓国・朝鮮人問題, 部落差別問題(全国水平社宣言, 1922年), アイヌ民族に対する差別(アイヌ文化振興法, 1997年)など。

◐ **社会権**…国民が人間らしく豊かに生活する権利(「国家に求める権利」)。
　① **生存権**…「健康で文化的な最低限度の生活を営む権利」(第25条)。
　　・**朝日訴訟**…生活保護基準が第25条に反するとして提訴→**プログラム規定説**(国の方針を示したもので, 具体的権利を保障するものではない)。
　② **教育を受ける権利**…能力に応じてひとしく教育を受ける権利。
　③ **労働基本権**…勤労権(国民の働く機会を保障)と労働三権(団結権, 団体交渉権, 団体行動権〈争議権〉)。

◐ **参政権**…国民が政治に参加することを保障する権利。選挙権・被選挙権, 最高裁判所裁判官の国民審査, 地方特別法の住民投票, 憲法改正の国民投票など。

◐ **請求権**…基本的人権が侵害された場合, 国などに救済などを求める権利。裁判を受ける権利, 請願権, 損害賠償請求権, 刑事補償請求権。

◐ **新しい人権**…社会状況の変化にともない新たに主張されるようになった人権。おもに憲法第13条の幸福追求権を根拠とする。
　① **プライバシーの権利(プライバシー権)**…私生活に関する情報を公開されず, 自己に関する情報をコントロールする権利。
　② **環境権**…健康で安心して生活できる, よりよい環境を求める権利。
　③ **知る権利**…国・地方公共団体などが保有する情報の公開を求める権利。
　④ **自己決定権**…個人が自己の生き方を決定する権利。

基本問題 ························· 解答 ⇒ 別冊 *p.6*

できたら
チェック

32 基本的人権の種類 ◀テスト必出

基本的人権の種類について，次の各問いに答えよ。

☐ (1) 次は，それぞれどの人権に分類されるか。自由権，社会権，参政権，請求権のうちから選び答えよ。

① 生存権　　　　　② 裁判を受ける権利

③ 不法逮捕の禁止　④ 最高裁判所裁判官の国民審査権

⑤ 黙秘権の保障　　⑥ 教育を受ける権利

☐ (2) 自由権のうち「経済活動の自由」にあてはまるものを次から2つ選び，記号で答えよ。

ア 集会・結社・表現の自由　　イ 住居の不可侵

ウ 職業選択の自由　　　　　　エ 法定手続きの保障

オ 信教の自由　　　　　　　　カ 財産権の保障

33 自由権と社会権

自由権と社会権について，次の各問いに答えよ。

(1) 自由権について，次の説明にあてはまる語句を答えよ。

☐ ① どのような行為に対してどのような刑罰が科せられるかは，法律で定められなければならないとする原則。

☐ ② 人権侵害を防ぐため，逮捕，住居侵入，捜索，押収といった強制処分を行うには，裁判官または裁判所が必要性を認めて発行する文書が必要であるという原則。

☐ ③ 取り調べや裁判において，自分に不利益なことは話さなくてもよいとする権利。

☐ (2) 次の文は社会権について述べたものである。空欄にあてはまる語句を答えよ。

・社会権のうち，憲法第25条に規定されている権利を（　①　）という。この規定と生活保護基準をめぐって争われた（　②　）訴訟においては，直接個々の国民に対して具体的権利を保障したものではないとする（　③　）説がとられた。

・すべての国民は，その（　④　）に応じてひとしく教育を受ける権利を有しており，その権利を保障するため，（　⑤　）教育の無償が定められている。

・日本国憲法が保障する労働三権とは，（　⑥　），団体交渉権，（　⑦　）（争議権）のことをいう。

34 参政権と請求権 ◀テスト必出

参政権と請求権について，次の各問いに答えよ。

□ (1) 次は，日本国憲法に定められている参政権についてまとめたものである。空欄にあてはまる語句を，あとのア～エから選び，それぞれ記号で答えよ。

・最高裁判所裁判官の（　①　）権

・1つの地方公共団体のみに適用される特別法を制定する際の（　②　）権

・憲法改正の際に行われる（　③　）権

　ア　国民投票　　イ　住民投票　　ウ　国民審査　　エ　住民審査

(2) 請求権について，次の説明にあてはまる語句を答えよ。

□ ① 国や地方公共団体に対し，損害の救済，法律・命令の制定・改廃など，さまざまな要求を行う権利。

□ ② 公務員の不法行為によって損害を受けた場合，損害賠償を求める権利。

□ ③ 犯罪の疑いをかけられて逮捕された者が，刑事裁判で無罪となった場合に国に対して補償を求めることができる権利。

35 平等権

平等権について，次の各問いに答えよ。

□ (1) 次は，日本国憲法第14条の一部である。空欄にあてはまる語句を答えよ。

すべて国民は，法の下に平等であって，（　①　），信条，性別，社会的身分又は（　②　）により，政治的，経済的又は社会的関係において，差別されない。

□ (2) 長い間，社会的・経済的に差別されてきた被差別部落の人々によって，1922年につくられた団体の創立大会で，全人類の解放をうたった宣言を何というか。

36 新しい人権

「新しい人権」について，次の各問いに答えよ。

□ (1) 国・地方公共団体などが保有する情報の公開を求める権利を何というか。また，この権利を保障するため1999年に制定された法律を何というか。

□ (2) 私生活をみだりに干渉・公開されず，かつ自己に関する情報を自らコントロールする権利を何というか。また，この権利をめぐって2003年に制定された，個人情報取扱業者への規制などを定めた法律を何というか。

□ (3) 環境権を保障するため，自然環境にどのような影響を与えるか開発事業を行う前に予測評価することを定めた法律を何というか。

□ (4) 個人が自らの生命や生活に関して，自由に決定できる権利を何というか。

標準問題 •• 解答 ➡ 別冊 *p. 7*

37 基本的人権に関する次の各問いに答えよ。

(1) 次の説明にあてはまる語句を答えよ。

□ ① 行政権による表現物への事前審査や発表差し止めなどの行為のこと。

□ ② 国は宗教上の問題について一切かかわらないという原則。

□ (2) 次のア〜オの訴訟は，自由権，社会権，平等権のいずれかに関する訴訟である。このうち，社会権に関する訴訟を1つ選び，記号で答えよ。

ア 津地鎮祭訴訟　　イ 薬局距離制限訴訟　　ウ 朝日訴訟

エ 三菱樹脂訴訟　　オ 大阪空港公害訴訟

38 **◀差がつく▶** 次の文を読んで，各問いに答えよ。

日本国憲法は基本的人権として，自由権，社会権，参政権などを保障している。自由権は，個人の自由な意思決定と活動とを保障する権利であり，精神の自由，（ ① ）の自由，a身体の自由に大別される。b社会権については，その基本となる権利として生存権を，憲法第25条では「（ ② ）の生活を営む権利」と規定し，これに関して「国は，すべての生活部面について，社会福祉，社会保障及び（ ③ ）の向上及び増進に努めなければならない。」としている。

□ (1) 文中の空欄にあてはまる語句を答えよ。

□ (2) 下線部aについて，人身（身体）の自由にあてはまらないものを1つ選び，記号で答えよ。

ア 国籍離脱の自由　　イ 住居の不可侵　　ウ 不法逮捕からの自由

エ 法定手続きの保障　　オ 拷問および残虐な刑罰の禁止

□ (3) 下線部bについて，1919年に世界で初めて社会権を定めた憲法を何というか。

□ (4) 基本的人権に関する記述として正しいものを1つ選び，記号で答えよ。

ア 生存権について，最高裁判所はこれを直接の根拠として，国民は国に社会保障給付を請求することができるとした。

イ 教育を受ける権利は請求権の1つであり，義務教育については授業料と教科書費用の無償が日本国憲法に明記されている。

ウ 労働基本権は，職場において弱い立場に立つ労働者の権利を保護するための権利であり，公務員についてもそれらの権利が完全に保障されている。

エ プライバシーの権利（プライバシー権）は，「新しい人権」として認識されるようになったが，幸福追求権と人格権がこの権利の根拠とされている。

📖**ガイド** (4) ア. 朝日訴訟や堀木訴訟における最高裁判所の判断。

8　平和主義とわが国の安全

○ **憲法と自衛隊**
① **憲法の理念**…徹底した平和主義。
・前文…国民の恒久平和の願望と平和を守る決意，平和的生存権。
・第9条…**戦争の放棄，戦力の不保持，交戦権の否認。**
② **自衛隊の創設**…朝鮮戦争の勃発(1950年)→GHQの指示により**警察予備隊**創設(1950年)→**保安隊**(1952年)に改組→**自衛隊**が発足(1954年)。

○ **自衛権と憲法第9条**
① **違憲論**…自衛隊は憲法が保持を禁止している「戦力」にあたる。
② **合憲論**…自衛隊は自衛のための必要最小限度の実力であって，憲法で禁止する「戦力」にあたらない＝政府の立場。
③ **憲法第9条に関する裁判**…恵庭事件，長沼ナイキ基地訴訟(第一審で違憲判決)，百里基地訴訟など。

○ **日米安全保障条約**
① **日米安全保障条約**…サンフランシスコ平和条約と同時に締結(1951年)。→安保闘争の中，1960年に**日米相互協力及び安全保障条約**へと改定。
② **日米地位協定**(1960年)…在日米軍の日本での法的地位などを定める。
③ 「**思いやり予算**」…在日米軍の駐留費用の一部を日本が負担。

○ **日本の防衛政策**
① **シビリアン・コントロール(文民統制)**…国防上の重要事項の決定権を文民が有すること。日本では，自衛隊の最高指揮監督権を内閣総理大臣がもつ。
② **専守防衛**…相手から武力攻撃を受けたときにのみ防衛力を行使する。
③ **非核三原則**…核兵器を「持たず，つくらず，持ちこませず」という原則。

○ **冷戦終結後の安全保障体制**
① **PKO協力法**(1992年)…湾岸戦争(1991年)を契機に，国連平和維持活動(PKO)へ参加→自衛隊の海外派遣(カンボジア，東ティモールなど)。
② **日米防衛協力のための指針(新ガイドライン)の策定**(1997年)…日本の周辺事態(日本周辺有事)の際の日米協力などを規定。
③ **自衛隊の活動領域の拡大**…テロ対策特別措置法(2001〜07年)，イラク復興支援特別措置法(2003〜09年)，海賊対処法(2009年)。
④ **有事法制の確立**…有事法制関連3法(武力攻撃事態対処法など，2003年)，有事法制関連7法(国民保護法など，2004年)→自衛隊の権限拡大。

基本問題 ··· 解答 ➡ 別冊 *p.7*

㊴ 平和主義 ◀テスト必出

次の日本国憲法の条文を読んで，あとの各問いに答えよ。

日本国民は，正義と秩序を基調とする国際平和を誠実に希求し，国権の発動たる（　①　）と，（　②　）による威嚇又は（　②　）の行使は，国際紛争を解決する手段としては，永久にこれを放棄する。

できたらチェック

前項の目的を達するため，陸海空軍その他の（　③　）は，これを保持しない。国の（　④　）権は，これを認めない。

- □ (1)　この条文は，日本国憲法第何条か答えよ。
- □ (2)　条文の空欄にあてはまる語句を1つずつ選び，それぞれ記号で答えよ。

　　ア　戦力　　イ　武力　　ウ　攻撃　　エ　軍隊
　　オ　交戦　　カ　戦争　　キ　侵略　　ク　自衛

- □ (3)　日本とアメリカは，日本に米軍が駐留できることなどを定めた条約を1951年に結んだ。この条約を何というか答えよ。
- □ (4)　唯一の被爆国である日本は，核兵器に関して次のような基本方針を決めているが，この原則を何というか。また，（　　　）にあてはまる語句を答えよ。

　　「持たず，（　　　），持ちこませず」

㊵ 自衛隊と日本の防衛政策 ◀テスト必出

次の説明にあてはまる語句を答えよ。

- □ (1)　1950年に起こった朝鮮戦争を契機に，GHQのマッカーサーの指令によってつくられた組織を何というか。
- □ (2)　(1)の組織は1952年に改組されたが，何という組織になったか。
- □ (3)　アメリカ軍の日本駐留費用の一部を，日本が負担する予算のことを何というか。
- □ (4)　軍事的な重要事項の決定権を文民が有することを何というか。カタカナで答えよ。
- □ (5)　日本が自衛権の行使に関して基本姿勢としている，相手から武力攻撃を受けたときに初めて防衛力を行使するという防衛戦略の姿勢を何というか。
- □ (6)　同盟関係にある国家が攻撃された場合，自国が攻撃を受けていなくても共同して防衛活動にあたる権利を何というか。
- □ (7)　1991年の湾岸戦争を契機に，国連平和維持活動（PKO）への参加を定めた法律を何というか。

標準問題 •• 解答 ➡ 別冊*p.8*

□ **41** 次の表は，冷戦終結後の日本の安全保障体制についてまとめたものである。空欄にあてはまる語句をあとのア〜ケから選び，それぞれ記号で答えよ。

年	で き ご と
1992年	PKO協力法が成立し，（ ① ）に初の自衛隊派遣が行われる。
1997年	（ ② ）とよばれる「日米防衛協力のための指針」が改定され，日本周辺での有事の際の日米協力などがもりこまれた。
1999年	日本周辺の地域における日本の平和や安全に重要な影響を与える事態への対処を定めた（ ③ ）が成立する。
2001年	アメリカ同時多発テロを受けて（ ④ ）が成立し，インド洋に自衛隊が派遣される。
2003年	（ ⑤ ）復興支援特別措置法が成立し，（ ⑤ ）のサマワに自衛隊が派遣される。
2009年	（ ⑥ ）が成立し，海上自衛隊がソマリア沖に派遣される。

ア カンボジア イ 東ティモール ウ イラク エ イラン
オ ガイドライン カ ロードマップ キ テロ対策特別措置法
ク 海賊対処法 ケ 周辺事態法

42 ◖ 差がつく ◗ 次の各問いに答えよ。

□ (1) 憲法第9条に関して，自衛隊と第9条との関係が問題となった事件・訴訟で，違憲判決（第一審）が出されたものを1つ選び，記号で答えよ。
ア 恵庭事件 イ 長沼ナイキ基地訴訟 ウ 百里基地訴訟

□ (2) 日本の平和主義と安全保障に関する記述として適切でないものを1つ選び，記号で答えよ。
ア 日本国憲法は平和主義を基本原理としており，第9条では戦争の放棄，戦力の不保持，交戦権の否認を定めている。
イ 自衛隊は，憲法第9条で保持を禁止している「戦力」ではなく，「自衛のための必要最小限度の実力」であるとするのが日本政府の立場である。
ウ 最高裁判所は，日米安全保障条約のように高度な政治的な問題については，司法審査の対象となるとしている。
エ 日米安全保障条約は，1960年に日米相互協力及び安全保障条約へと改定されたが，これに対する日本国民の反発は激しく，安保闘争とよばれる大規模な反対運動が起こった。

9 三権分立と国会のしくみ

◉ **三権分立**…国家権力を立法・行政・司法に分け，相互に抑制し合うしくみ。

◉ **国会の役割と権限**

① **国会の地位**…国会は「国権の最高機関であって，国の唯一の立法機関」。

② **国会の権限**…法律案の議決，予算の議決，条約の承認，内閣総理大臣の指名，弾劾裁判所の設置，憲法改正の発議，国政調査権(両議院が各々有する権限)。

③ **議員特権**…歳費特権，不逮捕特権，免責特権。

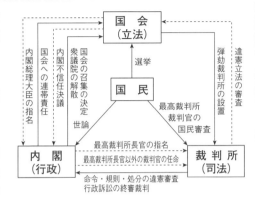

◉ **国会の構成と運営**

① **二院制**…国民の多様な意思を国政に反映させ，予算や法律案などの審議を慎重に行うため。

衆 議 院		参 議 院
25歳以上	被選挙権	30歳以上
465名	議 員 数	248名※
4年(解散あり)	任 期	6年(3年ごとに半数改選)

※2022年7月の選挙まで，選挙区147名，比例代表98名の計245名。

② **国会の種類**

種 類	召 集	おもな議題
常会(通常国会)	毎年1回，1月中に召集。会期は150日	次年度の予算
臨時会(臨時国会)	内閣が必要と認めたとき，または，いずれかの議院の総議員の4分の1以上の要求があったとき	予算・外交など，国政上，緊急を要する問題
特別会(特別国会)	衆議院解散後の総選挙の日から30日以内	内閣総理大臣の指名

③ **衆議院の優越**…衆議院は予算の先議権，内閣不信任決議権をもつほか，法律案の議決，予算の議決，条約の承認，内閣総理大臣の指名の議決は，衆議院が参議院に優越する。

④ **委員会**…常任委員会と特別委員会。本会議の前に実質的な審議を行う。

でき
たら
チェック

基本問題 ●● 解答 ➡ 別冊 *p.8*

□ **43** 三権分立 ❰テスト必出❱

右の図は，日本の三権分立について示したものである。A〜Eにあてはまるものを次から選び，それぞれ記号で答えよ。

ア 弾劾裁判所の設置

イ 内閣不信任決議

ウ 最高裁判所裁判官の国民審査

エ 衆議院の解散

オ 違憲立法の審査

カ 命令・規則・処分の違憲審査

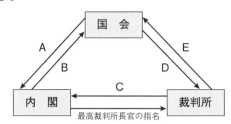

44 国会の役割と種類 ❰テスト必出❱

次の憲法の条文を読んで，あとの各問いに答えよ。

> 第41条 国会は，（ ① ）の最高機関であつて，国の唯一の（ ② ）である。
> 第42条 国会は，衆議院及び参議院の両議院でこれを構成する。

□ (1) 文中の①・②にあてはまる語句を答えよ。

□ (2) 下線部のようなしくみを何というか。

□ (3) 右の表は，衆議院・参議院についてまとめたものである。空欄にあてはまる数字を[ ]からそれぞれ選んで答えよ。

	衆 議 院	参 議 院
議 員 数	（ ① ）名	（ ② ）名
任 期	（ ③ ）年	（ ④ ）年
被選挙権	（ ⑤ ）歳以上	（ ⑥ ）歳以上

(2022年7月から)

[2 4 6 20 25 30 248 289 465]

(4) 次の説明にあてはまる国会をそれぞれ何というか。

□ ① 内閣が必要と認めたとき，またはどちらかの議院の総議員の4分の1以上の要求があったときに召集される。

□ ② 毎年1回，1月中に召集され，会期は150日である。

□ ③ 衆議院の解散後の総選挙の日から30日以内に召集される。

□ (5) 衆議院と参議院の各院は，政治上の諸問題の原因や内容を究明するため，内閣などの機関に対し，必要な記録を提出させたり，証人をよんだりすることができる。このような権限を何というか。

45 国会の権限と国会議員の特権
次の各問いに答えよ。

□ (1) 次の文は，国会の権限についてまとめたものである。空欄にあてはまる語句
をあとのア～キから選び，それぞれ記号で答えよ。
・国会議員あるいは内閣によって提出された（　①　）案の議決
・内閣によって作成・提出された（　②　）の議決
・内閣が外国と締結した（　③　）の承認
・（　④　）の発議
・（　⑤　）の指名
・職務上の義務に反したりした裁判官をやめさせるかどうかを決定する
（　⑥　）裁判所の設置
ア　条約　　イ　弾劾　　ウ　国務大臣　　エ　内閣総理大臣
オ　予算　　カ　法律　　キ　憲法改正

(2) 次は国会議員の特権である。それぞれ何というか答えよ。

□ ①　国会の会期中は，現行犯の場合などをのぞいて逮捕されないという特権。
□ ②　国庫から1年間の給与が支給される特権。
□ ③　議院で行った演説・討議・表決について，議院外で責任を問われないとい
う特権。

(3) 国会について，次の説明にあてはまる語句を答えよ。

□ ①　衆・参両議院の議員全体で構成される会議。
□ ②　議案の審議について，慎重かつ効率的に行うため，衆・参両議院に設置さ
れている機関。
□ ③　②が必要と認めたとき，学者や専門家，利害関係者の意見を聴く会。
□ ④　衆・参両議院の議決が異なったときに，意見調整のために開かれる会議。

46 衆議院の優越
次の各問いに答えよ。

□ (1) 衆議院の優越にあてはまらないものを次からすべて選び，記号で答えよ。
ア　予算の議決　　　イ　弾劾裁判所の設置　　ウ　内閣総理大臣の指名
エ　憲法改正の発議　　オ　法律案の議決　　　カ　予算の先議権

□ (2) 法律案の議決について述べた次の文の空欄にあてはまる語句を答えよ。
法律案について，衆議院と参議院が異なった議決をした場合，衆議院で出席
議員の（　①　）以上の多数で再び可決したときは，法律として成立する。この
場合，（　②　）は開催しても，しなくてもよい。

標準問題 •••••••••••••••••••••••••••••••••••••• 解答 ➡ 別冊*p.8*

47 次の文を読んで，各問いに答えよ。

　日本国憲法は，前文の冒頭において，「日本国民は，正当に選挙された国会に
おける代表者を通じて行動し」と規定するとともに，第41条では「国会は，
（　①　）であって，国の唯一の立法機関である。」として，主権者から直接選ば
れる国会議員で構成される国会を国政の中心に位置づけている。そのため，国会
には，法律案の議決権をはじめ，憲法改正の（　②　）権など幅広い権能がある。

できたら
チェック

☐ (1)　文中の①・②にあてはまる語句を答えよ。

☐ (2)　下線部について，衆議院で可決し，参議院で異なった議決をした法律案は，
　　　どのような場合に法律として成立するか。次から1つ選び，記号で答えよ。
　　　ア　衆議院が出席議員の過半数で再び可決した場合。
　　　イ　衆議院が総議員の過半数で再び可決した場合。
　　　ウ　衆議院が総議員の3分の2以上の多数で再び可決した場合。
　　　エ　衆議院が出席議員の3分の2以上の多数で再び可決した場合。

☐ (3)　国会の権限としてあてはまらないものを次から1つ選び，記号で答えよ。
　　　ア　弾劾裁判所の設置　　イ　条約の締結
　　　ウ　予算の審議・議決　　エ　内閣総理大臣の指名

☐ (4)　内閣総理大臣と野党の党首が直接に質疑応答を行う制度を何というか。カタ
　　　カナで答えよ。

☐ **48** ◀ 差がつく ▶ 国会に関する記述として正しいものを1つ選び，記号で答えよ。
　　ア　予算案について参議院が衆議院と異なった議決をし，両院協議会を開いても
　　　意見が一致しない場合，その予算案は廃案となる。
　　イ　審議する議案は衆議院と参議院のどちらかの院で先に審議してもよいが，予
　　　算案および条約の承認については衆議院に先議権がある。
　　ウ　参議院議員の任期は6年であり，2年に1度選挙が行われ，定数の3分の1
　　　ずつが改選される。
　　エ　国会には，毎年1月に召集される常会，衆議院解散による総選挙後に開かれ
　　　る特別会，必要に応じて開かれる臨時会の3種類があり，その他に参議院の緊
　　　急集会がある。
　　オ　衆議院および参議院は，国政に関する事項を調査する国政調査権を有するが，
　　　証人喚問を行うことはできない。

📖 ガイド　衆議院には予算先議権，内閣不信任決議権がある。

10 内閣のしくみと役割

◉ **内閣と議院内閣制**

① **内閣の地位**…内閣は，行政権の行使について，国会に対し連帯して責任を負う。国会の信任によって内閣が成立する議院内閣制が採用されている。

② **内閣の構成**…首長である**内閣総理大臣**（首相）と，**国務大臣**で組織。いずれも**文民**（非軍人）でなければならない。

	指名・任命	職務・権限
内閣総理大臣	国会議員の中から国会の議決によって指名され，天皇が任命	・国務大臣の任命権・罷免権 ・内閣を代表して法律案・予算案などを国会に提出 ・行政各部の指揮監督
国務大臣	内閣総理大臣によって任命され，その過半数は国会議員	・各行政機関の長として，行政事務を分担・管理

③ **閣議**…内閣が意思決定をするため，内閣総理大臣が主宰し，すべての国務大臣が出席して開かれる会議。全会一致で決定。

④ **衆議院が内閣不信任決議をした場合**→内閣は総辞職するか，10日以内に衆議院を解散しなければならない。

◉ **内閣の権限と行政組織**

① **内閣の職務と権限**
・法律の執行，国務の総理，外交関係の処理，条約の締結，予算の作成と国会への提出，政令（法律の規定を実施するための命令）の制定，恩赦の決定。
・天皇の国事行為に対する助言と承認。
・最高裁判所長官の指名，その他の裁判官の任命。

② **内閣府**…複数ある省庁の統一性をはかるため，企画立案と総合調整を担う。

③ **行政委員会**…一般の行政機関からある程度独立して設置。公正取引委員会，人事院，国家公安委員会など。

④ **行政組織の見直し**…1府11省。首相補佐官，副大臣・大臣政務官の設置。

◉ **行政機能の拡大と行政改革**

① **行政国家**…国民の要求の多様化と社会の複雑化により行政機能が拡大し，官僚（国家公務員の一部）が政策の実施や決定に大きな影響→**委任立法**の増加。

② **行政改革**…規制緩和や民営化によって「小さな政府」をめざす。

③ **行政の透明性の確立**…行政手続法，情報公開法，国家公務員倫理法の制定。

④ **独立行政法人**…中央省庁の業務の一部を切り離して設立された法人。

基本問題 ●●●●●●●●●●●●●●●●●●●●●●●●●●●●●●●●●●●●●●● 解答 ➡ 別冊*p.9*

49 内閣のしくみと権限

次の各問いに答えよ。

- □ (1) 次の文は，内閣についてまとめたものである。空欄にあてはまる語句をあと
のア〜コから選び，それぞれ記号で答えよ。ただし，同じ語句を何度使っても
よい。
  - ・内閣は（　①　）権の行使について，（　②　）に対し連帯して責任を負っている。
  - ・内閣総理大臣は，（　③　）の中から（　④　）の議決によって指名される。
  - ・国務大臣は，（　⑤　）によって任命され，国務大臣の過半数は（　⑥　）でなければならない。
  - ・内閣総理大臣とその他の国務大臣は，すべて（　⑦　）でなければならない。

    ア　天皇　　イ　国民　　ウ　国会　　エ　国会議員　　オ　衆議院議員
    カ　行政　　キ　立法　　ク　司法　　ケ　文民　　　　コ　内閣総理大臣

- □ (2) 内閣の政治の方針や内容を決めるため，内閣総理大臣が主宰し，すべての国
務大臣が出席して開かれる会議のことを何というか。
- □ (3) 内閣の権限としてあてはまらないものを次から 2 つ選び，記号で答えよ。

    ア　条約の締結　　　イ　予算案の作成　　ウ　国政調査権の行使
    エ　政令の制定　　　オ　法律案の作成　　カ　恩赦の決定
    キ　内閣総理大臣の指名　　ク　天皇の国事行為に対する助言と承認
- □ (4) 憲法で「全体の奉仕者」と規定されている，行政を担当する職員を何というか。

- □ **50** 内閣不信任決議

    内閣不信任決議について，次の文の空欄にあてはまる語句・数字をあとのア〜
クから選び，それぞれ記号で答えよ。

    内閣不信任決議案は，国会の（　①　）のみ提出できるもので，その決議案が可
決された場合，内閣は（　②　）日以内に（　①　）を解散するか，あるいは
（　③　）するかを選択しなければならない。（　①　）が解散したときは，解散の
日から（　④　）日以内に総選挙が行われ，選挙の日から（　⑤　）日以内に国会が
召集される。そこで内閣は総辞職し，新たに（　⑥　）が指名され新内閣が組織さ
れる。

    ア　衆議院　　イ　参議院　　ウ　国務大臣　　エ　内閣総理大臣
    オ　総辞職　　カ　10　　　キ　30　　　　ク　40

51 行政機能の拡大と行政改革 ◀テスト必出

次の説明にあてはまる語句を答えよ。

- □ (1) 憲法や法律の規定を実施するために内閣が制定する規則・命令。
- □ (2) 1府11省のうちの1つで，複数ある省庁の統一性をはかるため，企画立案と総合調整を担っている機関。
- □ (3) 国家公安委員会，人事院など，一般の行政機関からある程度独立して設置される行政機関。
- □ (4) 法律の委任にもとづいて，立法府以外の機関が法規を制定すること。
- □ (5) 行政改革の一環として，中央省庁の業務の一部を切り離して設立された法人。

標準問題 ･････････････････････････････ 解答 ➡ 別冊*p.10*

52 次の文を読み，あとの各問いに答えよ。

　日本国憲法では，第65条において「（　①　）権は，a内閣に属する。」と規定し，それとともに，第66条では「国会に対し連帯して責任を負ふ。」として議院内閣制を採用している。内閣は，b内閣総理大臣と国務大臣によって組織され，閣議は内閣の一体性・統一性を維持するために（　②　）制がとられている。

できたら
チェック

- □ (1) 文中の空欄にあてはまる語句を答えよ。
- □ (2) 下線部aについて，内閣に関する記述として適切ではないものを次から1つ選び，記号で答えよ。
  - ア　内閣は，外交関係を処理するとともに条約を締結する。
  - イ　内閣は，憲法または法律の規定を実施するため，政令を制定できる。
  - ウ　内閣は衆議院が解散した場合，ただちに総辞職しなければならない。
  - エ　内閣府は，他の省庁よりも上位に位置づけられており，内閣総理大臣と内閣官房を補佐している。
- □ (3) 下線部bについて，内閣総理大臣と国務大臣についての記述として正しいものを次から1つ選び，記号で答えよ。
  - ア　内閣総理大臣とその他の国務大臣は文民でなければならない。
  - イ　内閣総理大臣は，国務大臣を経験した国会議員の中から指名される。
  - ウ　国務大臣はすべて国会議員でなければならない。
  - エ　内閣総理大臣は，国会の承認をへて国務大臣を罷免（ひめん）することができる。
- □ (4) 各省庁に置かれ，大臣の命を受けて政策全般の企画・立案を担う役職を何というか。

📖ガイド (4) 2001年に政務次官制度が廃止され，副大臣と政務官が置かれた。

11　裁判のしくみと役割

日本の裁判制度

① **裁判の種類**…民事裁判(訴訟)，刑事裁判(訴訟)，行政裁判(訴訟)。

② **裁判所の種類**…司法権は，**最高裁判所**および**下級裁判所**(高等裁判所，地方裁判所，家庭裁判所，簡易裁判所)に属する。**特別裁判所**の設置は禁止。

③ **司法権の独立**…裁判官は国会や内閣，上級裁判所の裁判官から干渉されない→裁判官の独立を保障。「すべて裁判官は，その良心に従ひ独立してその職権を行ひ，この憲法及び法律にのみ拘束される。」(憲法第76条)

④ **裁判官の任命**
  ・**最高裁判所長官**…内閣の指名にもとづいて天皇が任命。
  ・**最高裁判所裁判官**(長官以外)…内閣が任命し，天皇が認証。
  ・**下級裁判所の裁判官**…最高裁判所が指名した者の名簿により，内閣が任命。

⑤ **裁判官の身分保障**(罷免される場合)
  ・裁判により，**心身の故障**のために職務を果たせないと決定された場合。
  ・著しい職務違反などにより，国会の弾劾裁判所で罷免が決定された場合。
  ・最高裁判所裁判官のみ，**国民審査**により罷免を可とされた場合。

裁判のしくみ

① **三審制**…1つの事件について，3回まで裁判を受けることができるしくみ。第一審の判決に不服な場合に第二審の裁判を求めることを**控訴**，第三審の裁判を求めることを**上告**という。

② **違憲(法令)審査権**…法律や命令，規則などが，憲法に違反していないかどうかを判断する権限→最高裁判所(「憲法の番人」)が最終的な判断。

司法権の課題と司法制度改革

① **冤罪**…無実の人が，犯人であるという判決を受け，罪に問われること。

② **再審**…裁判に重大な欠陥があることを理由に裁判をやり直すこと。

③ **裁判員制度**…重大事件の刑事裁判の第一審に，抽選で選ばれた国民が裁判官と合議で被告人の有罪・無罪の事実認定と量刑の判断を行う制度。

④ **検察審査会**…検察官が不起訴と決定した事件について，請求に応じて国民参加で審査する制度。二度，起訴相当と判断すれば，弁護士が起訴を行う。

⑤ **犯罪被害者参加制度**…特定の刑事裁判について，犯罪被害者やその家族が裁判に参加する制度。

基本問題 ·········· 解答 ➡ 別冊*p.10*

でき た らチェック。

53 裁判所の種類 ◀テスト必出

裁判所について，次の各問いに答えよ。

□(1)　次の表は，裁判所の種類についてまとめたものである。空欄にあてはまる語句を答えよ。

（　①　）裁判所	司法権の最高機関。東京に置かれている。
（　②　）裁判所	おもに第二審(控訴審)を扱う裁判所。全国に8か所ある。
（　③　）裁判所	代表的な第一審の裁判所。全国に50か所ある。
（　④　）裁判所	家庭事件と少年事件を扱う裁判所。
（　⑤　）裁判所	罰金以下などの軽い事件を扱う第一審の裁判所。

□(2)　表中の（　②　）～（　⑤　）の裁判所をまとめて何というか。

□(3)　次の文は裁判官の任命についてまとめたものである。空欄にあてはまる語句をあとのア～エから選び，それぞれ記号で答えよ。ただし，同じ語句を何度使ってもよい。

・最高裁判所長官は，（　①　）の指名にもとづき（　②　）によって任命される。

・長官以外の最高裁判所の裁判官は，（　③　）によって任命され，（　④　）が認証する。

・下級裁判所の裁判官は，（　⑤　）が指名した者の名簿により，（　⑥　）によって任命される。

ア　天皇　　イ　国会　　ウ　内閣　　エ　最高裁判所

54 日本の裁判制度 ◀テスト必出

次の説明にあてはまる語句を答えよ。

□(1)　裁判官が裁判を行うにあたって，国会や内閣，上級裁判所などから干渉されないこと。

□(2)　最高裁判所の裁判官が適任であるかどうかを，国民が直接投票して審査すること。

□(3)　裁判官としてふさわしくない行為や職務上の義務違反をした裁判官について，罷免するかどうかの判断をするため，国会に設けられる裁判所。

□(4)　国会が制定した法律や内閣が出した命令，規則などが，憲法に違反していないかどうかを判断する権限。

□(5)　1つの事件について，3回まで裁判を受けることができるしくみ。

55 司法権の課題と司法制度改革
次の説明にあてはまる語句を答えよ。

- □ (1) 無実の人が，罪を犯したとして有罪判決を下されること。
- □ (2) 有罪判決確定後，事実認定に合理的な疑いがあるような証拠が出てきたことなどを理由として，裁判のやり直しを行うこと。
- □ (3) 重大事件の刑事裁判の第一審に，抽選（ちゅうせん）で選ばれた国民が裁判官とともに参加し，被告人の有罪・無罪の事実認定と量刑の判断を行う制度。
- □ (4) 検察官が不起訴と判断して裁判にかけなかった事件について，請求に応じて国民参加で審査する制度。
- □ (5) 特定の刑事裁判について，犯罪被害者やその家族が裁判に参加する制度。

標準問題 ⋯⋯⋯⋯⋯⋯⋯⋯⋯⋯⋯⋯⋯⋯⋯⋯⋯ 解答 ➡ 別冊*p.10*

56 次の文を読んで，各問いに答えよ。

　日本国憲法は，「すべて司法権は，最高裁判所及び法律の定めるところにより設置するa下級裁判所に属する。」と規定しており，（　①　）裁判所の設置を禁止している。さらに，「すべて裁判官は，その（　②　）に従ひ独立してその職権を行ひ，この（　③　）及び法律にのみ拘束（こうそく）される。」と定めて，b司法権の独立を保障している。また，裁判所には，法律などが憲法に違反していないかどうかを判断するc違憲法令審査権が与えられている。

（できたらチェック）

- □ (1) 文中の空欄にあてはまる語句を答えよ。
- (2) 下線部aについて，次の各問いに答えよ。
- □ ① 下級裁判所のうち，高等裁判所，地方裁判所以外の他の2つを答えよ。
- □ ② 東京高等裁判所の特別支部として，知的財産権全般に関する訴訟を専門的に取り扱う裁判所が2005年に設立された。この裁判所を何というか。
- □ (3) 下線部bについて，大日本帝国憲法下の1891年，ロシア皇太子が日本で襲撃された事件において，当時の大審院長は政府の干渉（かんしょう）を排除（はいじょ）し，司法権の独立を守った。この事件を何というか。
- (4) 下線部cについて，次の各問いに答えよ。
- □ ① 最高裁判所は，違憲（法令）審査の最終的な判断を行うことから，何とよばれているか。
- □ ② 最高裁判所が違憲としなかった判例を次から1つ選び，記号で答えよ。
  - ア　尊属殺重罰規定　　　イ　生活保護法の給付内容
  - ウ　国籍法婚外子差別規定　エ　愛媛玉ぐし料の公費支出

57 次の文を読んで，各問いに答えよ。

　a裁判には，私人間の争いを解決するための（　①　）裁判，犯罪事件を審理する刑事裁判，国・地方公共団体と個人の間の争いを内容とする事件を扱う（　②　）裁判とがある。また，b三審制が採用されており，原則として1つの事件について3回まで裁判を求めることができる。

□ (1)　文中の空欄にあてはまる語句を答えよ。

□ (2)　下線部aについて，日本の裁判に関する記述として正しいものを次から1つ選び，記号で答えよ。

　　ア　社会の法秩序を維持するため，最高裁判所は下級裁判所の裁判の訴訟について助言を与えることができる。

　　イ　裁判官の独立を保障するため，最高裁判所が下級裁判所の裁判官の任命に関与することは禁止されている。

　　ウ　プライバシーの権利の保護の観点から，裁判はすべて非公開とされている。

　　エ　最高裁判所には，裁判所の内部規律などの規則制定権が認められている。

□ (3)　下線部bについて，次の文の空欄にあてはまる語句を答えよ。

　　　第一審の裁判で不服があれば，上級の裁判所に（　A　）することができる。また，その裁判にも不服がある場合には，さらに上級の裁判所へ（　B　）することも可能である。

58　◀差がつく　司法制度改革について，次の各問いに答えよ。

□ (1)　裁判員制度に関する記述として正しいものを次から1つ選び，記号で答えよ。

　　ア　裁判員は，一定の重大な犯罪に対する刑事裁判の第一審に参加する。

　　イ　裁判員裁判では，裁判官は評議に加わることはない。

　　ウ　裁判員は有権者の中から選出され，いかなる理由でも辞退できない。

　　エ　裁判員には守秘義務が課されるが，任務終了後は守秘義務はなくなる。

□ (2)　司法制度改革などに関する記述として誤っているものを次から1つ選び，記号で答えよ。

　　ア　裁判所の判決により刑が確定した後でも，新たな証拠で事実誤認の疑いが生じた場合などには，裁判のやり直しを行う再審の制度がある。

　　イ　検察審査会は，法務省が任命した弁護士によって構成され，検察官が不起訴処分とした刑事事件について適切かどうか審査する。

　　ウ　犯罪被害者の人権を守るため，犯罪被害者参加制度が導入され，特定の刑事事件においては被害者が裁判で直接，被告人に質問ができるようになった。

12　地方自治と住民福祉

◉ 地方自治の基本と原則

① **地方自治**…地域の政治を住民が自主的に処理すること。地方自治は,「民主主義の学校」(イギリスの政治学者ブライスのことば)といわれる。

② **地方自治の本旨**…憲法における地方自治の基本原則→**地方自治法**を制定。

・**団体自治**…国から自立して地域の住民福祉などの地方行政を行う。

・**住民自治**…地域住民の意思と責任にもとづいて地方自治が運営される。

◉ 地方自治の組織と運営

① **首長と地方議会の関係**…抑制・均衡の関係。

・首長(都道府県知事,市町村長)…住民の直接選挙で選出。議会の決定に対する拒否権や議会の解散権をもつ。

		任期	被選挙権
首長	都道府県知事	4年	30歳以上
	市町村長	4年	25歳以上
地方議会議員		4年	25歳以上

・**地方議会**…一院制。議員は住民の直接選挙で選出。条例の制定,予算の議決,首長への不信任決議権。

② **地方公共団体の事務**…自治事務と法定受託事務。

◉ 住民の政治参加

① **直接請求権**…住民に認められている地方自治に直接参加する権利。

請求の種類	必要署名数	請求先
条例の制定・改廃	有権者の**50分の1**以上	首長
事務監査		監査委員
議会の解散	有権者の**3分の1**以上	選挙管理委員会
首長・議員の解職		選挙管理委員会
主要公務員の解職		首長

*有権者数が40万人をこえる場合,40万〜80万人以下の分については6分の1を,80万人をこえる分については8分の1を合算した数以上。

② **住民投票**…地域住民が特定の問題についての意思決定を投票で行うしくみ。

③ **オンブズマン制度**…行政を監視し,苦情処理を行うしくみ。

◉ 地方自治の課題

① **財源**…地方税ではまかなえず,国からの地方交付税や国庫支出金に頼る。

② **地方分権一括法**(2000年施行)…国と地方の関係を「対等・協力」関係に。

③ **三位一体改革**…補助金の削減,税源の地方への移譲,地方交付税の見直し。

④ **市町村合併**…効率的な地方行財政をめざし,「平成の大合併」が行われた。

基本問題 •• 解答 ➡ 別冊 *p.11*

⑤9 地方自治の原則，組織と運営 ◀ テスト必出

次の説明にあてはまる語句をあとのア～クから選び，それぞれ記号で答えよ。

□ (1) 地方自治の本旨のうち，地方公共団体は，国の指揮や監督を受けることなく，自立して地方行政を行うという原則。

□ (2) 地方自治の本旨のうち，地方公共団体は，地域住民の意思にもとづき，住民自身の手によって運営されるという原則。

□ (3) 地方公共団体の組織・運営に関して定めた法律。

□ (4) 事務の性質上，本来国が実施すべきであるが，利便性や事務処理の効率性の観点から，国が実施方法などを指示して地方公共団体が行うとされる事務。

□ (5) 地方公共団体の事務のうち，地方公共団体が自主的に責任をもって処理する事務。

□ (6) 地方議会が制定し，その地方公共団体のみに適用されるきまり。

□ (7) 2000年に施行された，機関委任事務の廃止などを定めた法律。

    ア 住民自治   イ 団体自治   ウ 自治事務   エ 法定受託事務
    オ 地方自治法   カ 地方分権一括法   キ 政令   ク 条例

⑥0 首長と地方議会 ◀ テスト必出

首長と議会について，次の各問いに答えよ。

□ (1) 右の表は，首長と地方議会議員の任期と被選挙権の年齢についてまとめたものである。空欄にあてはまる数字を答えよ。

		任 期	被選挙権
首長	都道府県知事	（ ① ）年	（ ② ）歳以上
	市町村長	（ ③ ）年	（ ④ ）歳以上
地方議会議員		（ ⑤ ）年	（ ⑥ ）歳以上

□ (2) 次の文の空欄にあてはまる語句をあとのア～カから選び，それぞれ記号で答えよ。

・地方議会は，国会と異なり（ ① ）である。

・首長は，地方議会の議決した条例や予算について異議のあるときは，（ ② ）権を行使して議会に（ ③ ）を要求することができる。

・地方議会には首長に対する（ ④ ）権がある。これに対して首長には議会の（ ⑤ ）権が与えられている。

    ア 一院制   イ 二院制   ウ 再議
    エ 拒否   オ 解散   カ 不信任決議

61 住民の政治参加 ◀テスト必出

地方自治における直接民主制について，次の各問いに答えよ。

☐ (1) 右の表中の空欄にあてはまる
語句・数字を次から選び，それ
ぞれ記号で答えよ。なお，有権
者数は20万人とする。

ア　過半数
イ　3分の1
ウ　3分の2
エ　50分の1　　オ　首長　　カ　行政委員　　キ　選挙管理委員会

請求の種類	必要署名数	請求先
条例の制定・改廃	有権者の（ ① ）以上	（ ③ ）
事務監査		監査委員
議会の解散	有権者の（ ② ）以上	（ ④ ）
首長・議員の解職		
主要公務員の解職		（ ③ ）

☐ (2) 地方自治においては住民の意思を反映させるため，表のように住民に直接政治に参加できるようさまざまな権利を認めている。これらの権利を総称して何というか。

☐ (3) 行政に対する苦情を解決したり，行政運営の実態を調査して勧告したりするしくみを何というか。

標準問題 ･････････････････････････････････ 解答 ➡ 別冊*p.11*

62 ◀差がつく 地方自治に関する次の各問いに答えよ。

(1) 次の各問いに答えよ。

☐ ① 首長や地方議会議員などの解職請求のことをカタカナで何というか。

☐ ② 次の文の空欄にあてはまる語句を答えよ。

イギリスの政治学者（ A ）は，地方自治を「（ B ）の学校」とよんだ。

☐ ③ 地方分権を推進する観点から実施された，補助金の削減，税源の地方への移譲，地方交付税の見直しという3つを内容とする改革を何というか。

☐ (2) 地方自治に関する記述として正しいものを次から1つ選び，記号で答えよ。

ア　首長である都道府県知事と市町村長は住民の直接選挙によって選ばれ，被選挙権はともに満30歳以上である。

イ　地方議会は首長に対する不信任決議権をもっているが，首長には議会に対する解散権は与えられていない。

ウ　議員の解職請求をする場合には，有権者の3分の1以上の署名を首長に提出する必要がある。

エ　地方公共団体の事務は地方分権一括法の成立により，自治事務と法定受託事務との2つに再編された。

13 世論の形成と国民の政治参加

◎ **政党と圧力団体**

① **政党**…国民の意見(世論)を集約し政治に反映させる集団。選挙の際にマニフェストを掲げ，政権獲得をめざす。政権を担当する与党とそれ以外の野党。

② **政党政治**…議員が所属する政党を中心に活動し，政党が政治を運営。

③ **政治資金**…政治資金規正法で政治家個人への企業・団体献金禁止などを規定。政党助成法により政党交付金を公費で助成。

④ **圧力団体**…自分たちの利益を達成するために，政治に働きかける集団。

◎ **選挙制度**

① **民主的な選挙の原則**…普通選挙，平等選挙，直接選挙，秘密選挙。

② **選挙制度**

選挙区制	選出方法	おもな長所・短所
小選挙区制	1選挙区から1名選出	大政党に有利で政局が安定。死票が多い。有権者が候補者をよく知ることができる。
大選挙区制	1選挙区から2名以上選出	死票が少なく，小政党も進出しやすくなるが，小党が分立し，政局が不安定になるおそれ。
比例代表制	各党の得票数に比例して議席を配分	少数意見が反映され小政党も進出しやすいが，小党が分立し，政局が不安定になるおそれがある。

③ **日本の選挙制度**　(比例代表はドント式で議席を配分)

	衆 議 院	参 議 院
定数	465名	248名※
選挙概要	小選挙区比例代表並立制 小選挙区選挙…289名 比例代表選挙(11ブロック)…176名	選挙区制選挙(都道府県単位)…148名 比例代表選挙(全国1選挙区)…100名
比例代表	各政党の提出した名簿の登載順位に従い当選者が確定する拘束名簿式	候補者個人の得票数が多い順に当選者が確定する非拘束名簿式
投票	小選挙区…候補者名を記入 比例代表…政党名を記入	選挙区…候補者名を記入 比例代表…候補者名か政党名を記入

※2022年7月の選挙まで，選挙区147名，比例代表98名の計245名。

④ **日本の選挙制度の課題**

・**一票の格差**…選挙区ごとの議員定数と有権者数の比率の格差が大きいこと。

・**公職選挙法**…選挙運動の規制，選挙違反に対する連座制など。

・無党派層の増加。政治的無関心の増加による投票率の低下。

基本問題 •• 解答 ➡ 別冊*p.12*

<できたら
チェック>

63 政党と圧力団体 ◀テスト必出

政党について，次の各問いに答えよ。

□ (1)　次の空欄にあてはまる語句を答えよ。

　　国民の意見や要望を集約し政治に反映させる集団を（　①　）といい，選挙の際には（　②　）とよばれる政権公約・選挙公約を掲げ，政権獲得をめざす。

　　選挙で国民から多数の支持を得た（　①　）は（　③　）として内閣を組織して政権を担当し，これに対する（　④　）は（　③　）の政策を批判するなどして行政を監視している。

　　また，政治に大きな影響をおよぼすものに圧力団体があるが，（　①　）とちがって政権の獲得を目的とせず，自分たちの利益を達成するために政治に働きかける。

□ (2)　国の政治では，議員は所属する政党を中心に活動し，政党が政治の中心的存在となっている。このような政治のあり方を何というか答えよ。

　 (3)　次の説明にあてはまる法律名を答えよ。

□　　①　個々の政治家が企業・団体献金を受け取ることを禁止した法律。

□　　②　一定の議員数か得票数を獲得した政党に対し，政党交付金を公費から支給することを定めた法律。

64 選挙制度

次の各問いに答えよ。

　 (1)　次の説明は，民主的な選挙の原則についてまとめたものである。それぞれ何という選挙について説明したものか答えよ。

□　　①　候補者に対して選挙人が直接投票する選挙。

□　　②　無記名投票で行う選挙。

□　　③　一人一票で，一票の価値が同じ選挙。

□　　④　選挙権資格に制限がなく，一定年齢に達したすべての者が一票をもつ選挙。

　 (2)　次の説明にあてはまる語句を答えよ。

□　　①　各政党の得票数に応じて議席を配分する選挙制度。

□　　②　1つの選挙区から2人以上の議員を選出する選挙制度。

□　　③　1つの選挙区から1人の議員を選出する選挙制度。

□　　④　③で多くみられる，落選者に投票された票のこと。

□　　⑤　日本の衆議院議員選挙で採用されている選挙制度。

65 日本の選挙制度

日本の選挙制度について，各問いに答えよ。

☐ (1) 次の文は，日本の衆議院議員選挙と参議院議員選挙についてまとめたものである。空欄にあてはまる語句・数字を答えよ。

〈衆議院議員選挙〉

・小選挙区比例代表並立制が採用され，小選挙区選挙で（　①　）名，全国を（　②　）ブロックとする比例代表選挙で（　③　）名が選出される。

・比例代表選挙では，各政党の提出した候補者名簿の登載順位に従って当選者が確定する（　④　）名簿式比例代表制がとられている。

〈参議院議員選挙〉

・2022年8月以降，都道府県単位で行われる（　⑤　）選挙で（　⑥　）名，全国を（　⑦　）単位とする比例代表選挙で（　⑧　）名が選出される。

・比例代表選挙では，有権者は政党名あるいは候補者個人名を記入して投票する。各政党の議席数は，政党名と個人名の票の合計に応じて（　⑨　）式で配分される。

(2) 次の説明にあてはまる語句を答えよ。

☐ ①　公正な選挙の確保を目的として，選挙権・被選挙権，投票方法，選挙運動の規制などについて定めた法律。

☐ ②　①で禁止されている，選挙活動のために候補者が家庭を訪問すること。

☐ ③　選挙運動の責任者や候補者の親族・秘書などが選挙違反で有罪となった場合，候補者本人の当選も無効となる制度。

☐ ④　選挙区ごとの議員定数と有権者数との比率の格差が大きいこと。

標準問題 ●●●●●●●●●●●●●●●●●●●●●●●●●●●●●● 解答 ➡ 別冊*p.12*

できたらチェック◎

66 選挙に関する記述として正しいものを1つ選び，記号で答えよ。

ア　民主的な選挙の原則のうち，一定の年齢に達した国民に等しく選挙権を与える選挙のことは，平等選挙とよばれる。

イ　比例代表制では，小選挙区制よりも死票が多くなる反面，大政党に有利なため，政局が安定しやすいという特徴がある。

ウ　参議院議員選挙の比例代表については，有権者は政党名を記入して投票することになっており，候補者個人名では投票できない。

エ　衆議院議員選挙では，候補者は小選挙区選挙と比例代表選挙に同時に立候補でき，このことを重複立候補という。

14 経済社会とその変容

資本主義経済の特質と変容

① 産業革命…工場制機械工業を生み，資本家と労働者に階級が分化。
  ・「創造的破壊」（シュンペーター）…企業による技術革新が進む。
② 資本主義経済…私有財産制と経済活動の自由の原則をもとに，利益を得ることを目的として生産を行う経済のしくみ。
③ 自由放任主義（レッセ・フェール）…経済活動に政府が干渉せず，市場の働きに任せようとする立場。「小さな政府」の実現をめざす。
  ・アダム＝スミス…市場での価格機構を神の「見えざる手」になぞらえ，自由競争の有効性を主張。主著『国富論（諸国民の富）』。
④ 修正資本主義…資本主義経済が生み出した失業・恐慌などの矛盾を，部分的な修正によって緩和しようとする立場。「大きな政府」の実現をめざす。
  ・ケインズ…有効需要の不足が失業を生み出すとし，政府が積極的に経済に介入する必要性を主張。主著『雇用・利子および貨幣の一般理論』。
  ・ローズベルト大統領…世界恐慌後に，ニューディール政策を実施。
⑤ 新自由主義…政府の介入を排除し，自由な経済活動にもとづく市場原理を重視する立場。1980年代に登場。「大きな政府」から「小さな政府」へ。
  ・フリードマン…国営企業の民営化や，規制緩和の必要性を説く。
  ・アメリカのレーガン大統領やイギリスのサッチャー首相が推進。

社会主義経済の特質と変容

① 社会主義経済…生産手段を公有化し，計画経済にもとづく経済のしくみ。
  ・マルクス…資本主義経済の矛盾を解消するために，社会主義経済への移行が必要と説く。主著『資本論』。
② 社会主義経済の変化…1991年のソ連崩壊後，市場経済化が進む。

基本問題 ·· 解答 ➡ 別冊*p.12*

67 経済思想と政府の役割　◀テスト必出
次の説明にあてはまる語句を答えよ。

- □ (1) 経済活動に政府が干渉せず，市場の働きに任せようとする立場。
- □ (2) 国防や治安維持活動など，最小限の役割に限定される政府のこと。
- □ (3) 資本主義経済が生み出した失業・恐慌などの矛盾を，部分的な修正によって緩和しようとする立場。

□ (4) (3)がめざした, 国民の福祉実現のために経済政策を通じて国民生活に積極的に介入する政府のこと。
□ (5) 1980年代に登場した, 政府の介入を排除し, 自由な経済活動にもとづく市場原理を重視する立場。

68 経済思想 ◀テスト必出

次の各問いに答えよ。

(1) 次の説明にあてはまる経済学者を[　]からそれぞれ選べ。

□ ① 不況の原因として有効需要の不足を指摘し, 政府が積極的に金融政策や財政政策などを実施することにより有効需要を創出する必要性をとなえた。

□ ② 資本主義経済の問題点・矛盾点を指摘し, 生産手段を社会的に所有するという計画経済にもとづいた社会主義体制を提唱した。

□ ③ 自由放任主義を主張し,「見えざる手」による経済の調和的発展を説いた。

[　アダム＝スミス　　フリードマン　　ケインズ　　マルクス　]

□ (2) 経済思想と, その考え方にもとづいて経済運営にあたった人物の組合せとして正しいものを次から1つ選び, 記号で答えよ。

ア 自由放任主義——アメリカのローズベルト大統領
イ 新自由主義——アメリカのレーガン大統領
ウ 修正資本主義——イギリスのサッチャー首相

できたら
チェック **標準問題** •• 解答 ➡ 別冊*p.13*

□ **69** 経済学者に関する記述として正しいものを1つ選び, 記号で答えよ。

ア イギリスの経済学者ケインズは, 資本主義社会で広く行われる企業間の自由競争によって, 全体として需要と供給が自動的に調整されることを理論づけた。

イ ドイツの経済学者マルクスは, 資本主義社会の資本家間で起こる競争を批判し, 公正な競争のもとで経済発展が促進されるよう政府が法整備を行う必要があると主張した。

ウ イギリスの経済学者アダム＝スミスは, 世界恐慌時の経済における最大の問題は失業であると考え, 政府の積極的な介入によって経済を調整し, 完全雇用を実現すべきであると主張した。

エ アメリカの経済学者フリードマンは,「大きな政府」から「小さな政府」への回帰を主張し, 国営企業の民営化や規制緩和の必要性を説いた。

📖ガイド　イ. マルクスは, 社会主義経済の実現をはかろうとした。

15 企業の働き

◗ **企業の種類**

① **企業の活動**…利潤を拡大するため，**設備投資**や**研究・開発**(R & D)，**広告・宣伝**を行う。**株式・社債**などを発行して資金を調達。

② **私企業**…個人企業(個人商店，農家など)と，法人企業(会社企業[株式会社，合同会社など]，組合企業)に分けられる。

③ **公企業**…国営企業，独立行政法人，地方公営企業などに分類。

④ **公私合同企業**…私企業と公企業の中間的な存在。日本銀行，NTTなど。

◗ **株式会社のしくみ**

① **株式会社**…株式を発行し，広く資金を調達する会社。

② **株主**…会社に損失が発生した場合，出資額の範囲内でのみ責任を負う(**有限責任**)。利益が出た場合には，一定の**配当**を受け取る。

③ **株式会社の組織**

・**株主総会**…株式会社の最高意思決定機関。株主は株式の保有数に比例して議決権をもち，取締役の選任など，会社の基本事項を決定。

・**取締役会**…会社の執行機関。具体的な経営方針を決定。

・**監査役**…会社の業務・会計の監査。

④ **所有(資本)と経営の分離**…出資者である株主は配当や株価上昇などの経済的利益を追求し，経営は専門家である経営者(取締役)に委ねる。

◗ **現代の企業**

① **多国籍企業**…世界的規模で生産・販売活動を行う巨大企業。

② **コングロマリット(複合企業)**…異業種の企業を**合併・買収**(M & A)。

③ **持株会社**…日本では1997年に解禁。

④ **アウトソーシング**…業務の一部を他企業に委託し，コストを削減。

◗ **企業の社会的責任**

① **企業の社会的責任(CSR)**…消費者に対して安全な製品やサービスを提供するだけにとどまらない，企業が果たすべき責任。雇用の創出，**コンプライアンス(法令遵守)**，消費者保護，環境への配慮など。

② **メセナ**…芸術・文化などへの支援活動。

③ **フィランソロピー**…慈善活動・社会貢献活動。

④ **コーポレート・ガバナンス(企業統治)**…企業を健全に効率的に経営するための監視体制→**ディスクロージャー(情報公開)**や内部統制が必要。

基本問題 ‥‥‥‥‥‥‥‥‥‥‥‥‥‥‥‥‥‥‥‥‥‥‥ 解答 ➡ 別冊*p.13*

> できたら
> チェック。

70 企業の種類
右の図を見て，次の各問いに答えよ。

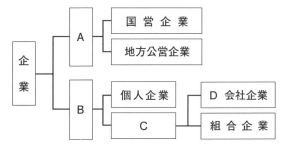

□ (1) 図中のA～Cにあては
　　まる語句を答えよ。
□ (2) 次の文の空欄にあては
　　まる語句を答えよ。
　　　図中のA・Bの大きな
　　違いは，（　　　）の獲得
　　を目的とするかしないか
　　である。
□ (3) 図中のDの会社企業の代表格で，多くの企業がとっている形態の会社を何と
　　いうか。

71 株式会社 ◀ テスト必出
株式会社について，次の各問いに答えよ。

□ (1) 次の文は，株式会社についてまとめたものである。空欄にあてはまる語句を
　　答えよ。
　　・株式会社の所有者である株主は，（　①　）責任であり，会社に損失が発生し
　　　た場合，出資した金額の範囲内でのみ責任を負う。
　　・会社に利益が出た場合，株主は株式数に応じて（　②　）を受け取ることがで
　　　きる。
　　・株式会社の最高意思決定機関を（　③　）といい，経営方針の決定や経営にあ
　　　たる（　④　）の選任などを行う。
□ (2) 現代では，株主は経営に直接参加せず，経営は専門家である経営者に委ねら
　　れていることが多いが，このことを何というか。

72 現代の企業と企業の社会的責任 ◀ テスト必出
次の各問いに答えよ。

□ (1) 企業の社会的責任のことを，アルファベットで何というか。
□ (2) 複数の国に子会社をもち，世界的規模で生産・販売活動を行う巨大企業を何
　　というか。
　 (3) 次ページの説明にあてはまる語句をあとのア～キの中から選び，それぞれ記
　　号で答えよ。

□　① 相互に関連性のない異業種の企業を合併・買収し，経営の多角化をはかる企業。
□　② コストの削減をはかるため，業務の一部を他企業の専門業者に委託などすること。
□　③ 法令遵守のことで，企業や従業員が法令や規範などを守ること。
□　④ 企業統治のことで，企業の効率的運営を実現するため，外部の人も交えて経営陣への監視や不正防止措置などをはかること。
□　⑤ 企業の社会的責任の1つで，慈善活動や社会貢献活動のこと。
□　⑥ 企業の社会的責任の1つで，芸術・文化などへの支援活動のこと。
□　⑦ 企業が利害関係者に財務状況などの各種情報を開示すること。

　　ア　コンプライアンス　　イ　コングロマリット　　ウ　メセナ
　　エ　フィランソロピー　　オ　アウトソーシング
　　カ　ディスクロージャー　キ　コーポレート・ガバナンス

標準問題 ・・・・・・・・・・・・・・・・・・・・・・・・・・・・・・　解答 → 別冊 *p.13*

73 ◀差がつく▶ 株式会社に関する記述として正しいものを1つ選び，記号で答えよ。

ア　株式会社において会社を所有しているのは，直接運営に携わる経営者である。
イ　株式会社が倒産したとき，株主は出資分の損失を被るだけでなく，個人的財産を追加的に出資して会社の負債を返済する責任を負う。
ウ　株主総会において，株主は取締役の選任や会社の合併などに関する事項についての議決権をもつ。
エ　会社の設立や組織運営などについて定める会社法では，株式会社を設立するために必要な資本金の下限を1,000万円と規定している。

74 現代の企業に関する記述として適切でないものを1つ選び，記号で答えよ。

ア　高度の専門能力，創造的才能，起業家精神などを生かし，大企業が進出していない未開発分野に参入する中小企業をベンチャー企業という。
イ　ある会社や銀行がほかの会社の株式を取得して，合併・買収することを，M&Aという。
ウ　株主をはじめとする企業の利害関係者をステークホルダーという。
エ　企業が行うメセナとは慈善活動・社会貢献活動のことであり，福祉や地域おこし，災害救援などの活動を支援することも含まれている。

16 市場の働き

◉ **需要と供給**
① **市場経済**…市場での自由な売買により財・サービスが供給・消費される。いくらの価格でどれだけの量の財・サービスが売買されるかは，市場における**需要**と**供給**の関係で決まる。
② **均衡価格**…需要量と供給量を一致させる価格。需要曲線と供給曲線の交点で示される。
③ **価格の自動調整機能**…価格の上下変動を通じて，需要量と供給量が調整。
・価格が高いとき：需要量＜供給量(超過供給〔売れ残り〕)→価格が下がる。
・価格が低いとき：需要量＞供給量(超過需要〔品不足〕)→価格が上がる。

◉ **寡占と独占**
① **寡占と独占**…寡占は数社で市場を支配，独占は一社で支配すること。
② **寡占と独占の形態**
・**カルテル**(企業連合)…同業種の企業が価格などについて協定締結。
・**トラスト**(企業合同)…同業種の企業が合併して1つの企業になる。
・**コンツェルン**(企業連携)…異業種の企業を持ち株などにより支配。
③ **管理価格**…有力な大企業が**プライス・リーダー**(価格先導者)となって価格を決定し，他の企業が追随することで形成される価格→価格は下がりにくい状態になる(**価格の下方硬直性**)。
④ **非価格競争**…商品のデザインやサービス，広告や宣伝など，価格以外の競争。
⑤ **独占禁止法**…公正で自由な競争を促進することを目的とし，私的独占や不公正な取引方法などを禁止→公正取引委員会が運用。

◉ **市場の失敗**…価格機構が十分に機能せず，資源が効率的に配分されない状態。
① **寡占や独占**…自由な競争が阻害されて，価格の自動調節機能が働かず，市場の需要・供給が調整されない。
② **外部不経済**…ある経済主体の行動が，市場を通さずに他の経済主体に不利益を与えること。公害(大気汚染・工場排水など)など。
③ **公共財の供給**…一般道路や橋などの公共財は，対価を支払わない者(フリーライダー)の利用を排除できず，市場での供給になじまない。
④ **情報の非対称性**…売り手と買い手の間で商品に関する情報量に差があるため，円滑な売買が成立しない場合がある。

基本問題 •• 解答 ➡ 別冊*p.13*

75 需要と供給 ◀ テスト必出

できたらチェック○

需要と供給について，次の各問いに答えよ。

(1) 次の説明にあてはまる語句を答えよ。
□ ① 消費者が買おうとする商品の量のこと。
□ ② 生産者が売ろうとする商品の量のこと。
□ ③ 需要量と供給量が一致したところで決まる価格。
□ ④ 価格の上下変動を通じて，自動的に需要量と供給量が一致するように調節
されるが，価格がもつ，このような機能のこと。

□(2) 次の文は，需要と供給の法則についてまとめたものである。空欄にあてはま
る語句をあとのア〜カから選び，それぞれ記号で答えよ。ただし，同じ語句を
何度使ってもよい。

〈需要の法則〉

ある商品について，価格が（ ① ）すれば，多くの消費者がその商品を買い
たいと思うため，需要量は（ ② ）する。したがって，需要曲線は（ ③ ）の
曲線となる。

〈供給の法則〉

ある商品について，価格が（ ④ ）すれば，多くの生産者は利益を増やそう
とするため，生産者は生産を増大させることから，供給量は（ ⑤ ）する。し
たがって，供給曲線は（ ⑥ ）の曲線となる。

　ア　上昇　　イ　下落　　ウ　右上がり
　エ　増加　　オ　減少　　カ　右下がり

76 寡占と独占 ◀ テスト必出

寡占・独占について，次の各問いに答えよ。

(1) 次の説明にあてはまる語句を答えよ。
□ ① 少数の大規模企業が市場を支配すること。
□ ② 同業種の複数の企業が，たがいに独立性を保ったまま，価格・生産・販路
などについて協定を結ぶこと。
□ ③ 公正で自由な競争を促進することを目的として，市場の独占や不公正な取
引方法などを禁止する日本の法律。
□ ④ ③の目的を達成するために設置された行政機関。
□ ⑤ ある経済主体の行動が，市場を通さず他の経済主体に不利益を与えること。

□(2) 次の文の空欄にあてはまる語句を答えよ。
・寡占市場における価格は，市場で最も有力な大企業が（ ① ）〔価格先導者〕
となって価格を設定し，他の企業がこれに追随することで形成されるが，こ
の価格を（ ② ）価格という。
・寡占市場においては，需要が後退したり生産コストが低下したりしても，価
格は下がりにくくなる状態になるが，これを価格の（ ③ ）という。
・寡占市場においては，各企業は価格引下げ競争を避け，商品のデザインやア
フターサービス，広告や宣伝などを競う（ ④ ）競争を行う。

標準問題 ·· 解答 → 別冊*p.14*

77 需要と供給について，次の各問いに答えよ。

□(1) 右のグラフのX・Yのうち，需要量を表
す曲線はどれか，記号で答えよ。

□(2) 需要量と供給量が一致したときに決まる，
グラフ中のPで示される価格を何というか。

□(3) 次の文の空欄にあてはまる語句を答えよ。
少数の企業が市場の自由な競争を妨げる
ことがないよう（ ① ）が制定され，これ
にもとづいて（ ② ）が企業の活動を監視している。

価格

X　　　Y

P

0 ──→ 数量

□(4) 市場経済において，価格の自動調節機能が十分に作用せず，効率的な資源配
分ができなくなる状態のことを何というか。

□ **78** ❬差がつく❭ 寡占や独占に関する記述として正しいものを1つ選び，記号
で答えよ。
ア ある価格において，供給量が需要量を超過している場合，品不足が生じるこ
とから，価格は上昇する。
イ 独占市場においては，他の企業が市場に参入するのを防ぐため，品質やデザ
イン，アフターサービスなどによる非価格競争がみられる。
ウ 一般に，寡占市場ではマーケットシェアの大きな企業が価格を設定する傾向
にあり，一度決められた価格は下がりづらくなる。
エ 独占力や寡占力を行使した不公正な取引を排除するための法律が多くの国で
制定されており，日本では主として経済産業省がその監視にあたっている。

📖ガイド ウ. マーケットシェアとは，市場占有率のこと。

17 国民所得と景気変動

◎ **国民所得**

① **GDP（国内総生産）**…1年間に国内で生産された**付加価値**の合計。経済の国際化により，GNPよりも重視されている。

> GDP＝総生産額－中間生産物の額

② **GNP（国民総生産）**…1年間に一国の国民が生産した付加価値の合計。

> GNP＝GDP＋海外からの純所得

③ **NNP（国民純生産）**…GNPから，生産過程で使用した機械・建物などの**固定資本減耗**（減価償却費）を差し引く。

④ **NI（国民所得）**…NNPから，間接税を差し引き，政府補助金を加えたもの。

⑤ **GNI（国民総所得）**…GNPを所得面からとらえたもの。

⑥ **三面等価の原則**…生産・分配・支出国民所得は，同一の貨幣の流れを異なる局面からとらえたものであるため，理論上はすべて同じ額になること。

総生産額	国内総生産	
		中間生産物
国内総生産（GDP）	総生産額－中間生産物	
国民総生産（GNP）	国民純生産	
	海外からの純所得　固定資本減耗	
国民純生産（NNP）	国民所得	
		（間接税－補助金）
国民所得（NI）		

◎ **フローとストック**…経済活動を把握するための指標のこと。

① **フロー**…一国全体で一定期間に行われた経済活動の量。GDPなど。

② **ストック**…過去から蓄積された実物資産と対外純生産の合計。**国富**が代表。

◎ **経済成長**

① **経済成長率**…一定期間に国民経済が増加した割合。GDPの増加率で示す。

② **実質経済成長率**…名目経済成長率から物価変動率を差し引く。

◎ **景気変動**

① **景気変動の4局面**…好況→後退（急激なものは恐慌）→不況→回復。

② **景気変動の種類**
…景気変動の波は，周期やその要因によって区分される。

	周　期	要　因
キチンの波	3〜4年	在庫投資の変動
ジュグラーの波	10年前後	設備投資の増減
クズネッツの波	20年程度	建設投資の増減
コンドラチェフの波	50〜60年	大きな技術革新

◎ **物価**

① **インフレーション**…物価の持続的な上昇。一般的に好況期にみられる。

② **デフレーション**…物価の持続的な下落。一般的に不況期にみられる。

③ **スタグフレーション**…景気が停滞しているにもかかわらず，物価が持続的に上昇。1970年代の石油危機（オイル・ショック）の際に進行した。

基本問題 ·························· 解答 ➡ 別冊 *p.14*

79 国民所得 ◀テスト必出

できたら チェック○

国民所得について，次の各問いに答えよ。

(1) 次の説明にあてはまる語句をあとのア～カから選び，それぞれ記号で答えよ。

□ ① 海外在住の国民も含めて，一国の国民によって1年間に生産された財・サービスの付加価値の合計額。

□ ② 国内にある外国企業も含めて，国内で1年間に生産された財・サービスの付加価値の合計額。

□ ③ 国内において1年間に新たにつくり出した所得の合計額。

□ ④ ある一定期間に，一国全体でつくり出された最終生産物の価値の合計。

□ ⑤ ある時点において，過去から蓄積された財・サービスの貯蔵量。

　　ア　GDP(国内総生産)　　イ　GNP(国民総生産)　　ウ　NI(国民所得)

　　エ　NNP(国民純生産)　　オ　ストック　　　　　　カ　フロー

□ (2) 次の計算式の空欄にあてはまる語句を答えよ。

　・GDP ＝ 総生産額 －（　①　）

　・GNP ＝（　②　）＋ 海外からの純所得

　・NNP ＝ GNP －（　③　）

　・NI ＝ NNP －｛（　④　）－ 補助金｝

□ (3) 名目経済成長率から物価変動率を差し引いた成長率のことを何というか。

80 景気変動 ◀テスト必出

次の各問いに答えよ。

□ (1) 景気変動について，次の空欄にあてはまる語句を答えよ。

　　　好況　→　（　①　）〔急激なものは恐慌〕　→　（　②　）　→　回復

□ (2) 次の表は，景気変動の周期と要因についてまとめたものである。空欄にあてはまる語句・数字を答えよ。

	周　期	要　因
（　①　）の波	3～4年	在庫投資の変動
ジュグラーの波	（　②　）年前後	（　③　）の増減
クズネッツの波	20年程度	（　④　）の増減
（　⑤　）の波	（　⑥　）年	大きな技術革新

81 物価 ⟨ テスト必出

物価について述べた次の文の空欄にあてはまる語句を答えよ。

□ (1) 景気過熱に伴い,貨幣価値が下落して物価が持続的に上昇する現象を
(①)という。

□ (2) 景気後退に伴い,貨幣価値が上昇して物価が持続的に下落する現象を
(②)という。

□ (3) 景気停滞下にもかかわらず,物価が持続的に上昇する現象を(③)といい,
1970年代の(④)の際に進行した。

標準問題 ⟨できたらチェック⟩ ●●●●●●●●●●●●●●●●●●●●●●●●●●●●●●●●● 解答 ➡ 別冊*p.15*

□ **82** ⟨ 差がつく⟩ 国民所得に関する記述として正しいものを1つ選び,答えよ。

ア GDPは,一国の1年間の経済規模をはかる指標として使用され,新たに生産された付加価値の総計に中間生産物の額を加えたものである。

イ GDPは,GNP(国民総生産)から固定資本減耗(減価償却費)を引き,さらに間接税を引いて,交付される補助金を加えたものである。

ウ GDPには,日本国内にある外国企業が生産した価値の額は含まれていないが,海外にある日本企業が生産した価値の額は含まれる。

エ 国民所得には生産・分配・支出の3つの側面があり,それぞれ金額的には同じであることを国民所得の三面等価とよぶ。

83 右のグラフは景気変動のしくみを表したものである。各問いに答えよ。

□ (1) グラフ中の**B・D**にあてはまる
語句を次から選び記号で答えよ。
ア 景気上昇 イ 恐慌
ウ 景気回復 エ 景気後退

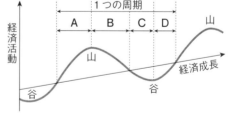

□ (2) 好況期にみられる現象を次から
1つ選び,記号で答えよ。

ア 消費・生産とも活発で,労働者の賃金が増加する。

イ 消費・生産とも減り,倒産する企業や失業者が増大する。

ウ 個人の消費が減少して商品が売れ残るようになる。

エ 消費が回復し始め,企業は新しい投資を行うようになる。

📖 ガイド (1) グラフの「山」「谷」をヒントに考える。

18 金融の働き

テストに出る重要ポイント

- **通貨(貨幣)**
  - ① **通貨の種類**
    - ・**現金通貨**…日本銀行が発行する紙幣(日本銀行券)と政府が発行する硬貨。
    - ・**預金通貨**…普通預金や当座預金(手形，小切手を含む)など。
  - ② **通貨の機能**…交換手段，価値尺度，支払い手段，価値貯蔵手段。
  - ③ **管理通貨制度**…金の保有量とは関係なく，中央銀行が通貨(**不換紙幣**)を発行できる制度。通貨の発行は，政府・日本銀行が厳しく管理。
  - ④ **マネーストック**…法人や個人などが保有する通貨の合計量。
- **金融**…経済活動に必要な資金を融通(貸し借り)すること。
  - ① **直接金融**…企業が株式や社債などを発行して資金を調達する金融。
  - ② **間接金融**…企業が金融機関を介して資金の貸し借りを行う金融。
  - ③ **信用創造**…市中金融機関が貸し付け操作を繰り返すことによって，最初に預金された現金の何倍もの預金通貨がつくり出されるしくみのこと。
  - ④ **コール市場**…金融機関が短期間の資金調達を行う。金利は**コールレート**。
- **日本銀行の役割**
  - ① **発券銀行**…日本銀行券(紙幣)を独占的に発行。
  - ② **銀行の銀行**…市中金融機関を相手に，預金の受け入れや貸し出しなど。
  - ③ **政府の銀行**…租税や公債金などの国庫金の管理，国債事務の代行など。
- **金融政策**…景気や物価の安定などを目的として日本銀行が行う。
  - ① **公開市場操作(オープン・マーケット・オペレーション)**…日本銀行が国債や手形などの有価証券を金融市場で売買して，通貨量を直接的に調整。

景気過熱時→**売りオペレーション**／景気停滞時→**買いオペレーション**

  - ② **預金準備率(支払い準備率)操作**…市中金融機関が預金の一部を日本銀行に預け入れる割合を上下させることにより，通貨量を調整。

景気過熱時→預金準備率の引き上げ／景気停滞時→預金準備率の引き下げ

    ※1991年以降，行われていない。
- **金融の自由化と国際化**
  - ① **金融の自由化**…それまでの護送船団方式から，**金利の自由化・金融業務の自由化**が進む。日本版**金融ビッグバン**による金融システムの改革。
  - ② **ペイオフ**…金融機関が破綻した際，元本1,000万円までとその利子を保証。
  - ③ **BIS規制**…総資産に対する自己資本比率８％以上が国際銀行業務の条件。
  - ④ **日本銀行の対応**…バブル経済崩壊後の**ゼロ金利政策**，**量的緩和政策**など。

基本問題 ⋯⋯⋯⋯⋯⋯⋯⋯⋯⋯⋯⋯⋯⋯⋯⋯⋯⋯⋯ 解答 ➡ 別冊*p.15*

84 通貨と金融

できたら
チェック

次の各問いに答えよ。

(1) 通貨について，次の説明にあてはまる語句を答えよ。

□ ① 現金通貨には，日本銀行券のほかに何があるか。

□ ② 当座預金，普通預金などの預金は，現金通貨に対して何とよばれているか。

□ ③ 金の保有量とは関係なく，政策的に中央銀行が通貨を発行できる制度を何というか。

□ ④ 現金通貨と預金通貨の合計で，法人や個人，地方公共団体などが保有する通貨の総量をカタカナで何というか。

(2) 金融について，次の説明にあてはまる語句を答えよ。

□ ① 企業が株式や社債を発行し，証券市場などを通じて資金を調達する金融。

□ ② 企業が金融機関を介して資金の貸し借りを行う金融。

□ ③ 市中金融機関が貸し付け操作を繰り返すことによって，最初に預金された現金の何倍もの預金通貨がつくり出されるしくみのこと。

□ ④ スマートフォンを使った支払いなど，金融と情報技術を融合させたサービスのこと。

□ ⑤ 法定通貨とは異なり，インターネット上での取引に用いられる通貨。

85 日本銀行と金融政策 ◀テスト必出

次の各問いに答えよ。

□ (1) 次の文は，日本銀行の三大業務についてまとめたものである。空欄にあてはまる語句を答えよ。

・日本銀行は，日本で唯一，日本銀行券を発行できる銀行であることから，「（ ① ）銀行」とよばれる。

・日本銀行は，市中金融機関を相手に，預金の受け入れや貸し出しなどを行うことから，「（ ② ）の銀行」とよばれる。

・日本銀行は，政府が徴収する租税や公債金などの国庫金の出納・管理，国債事務の代行などを行うことから，「（ ③ ）の銀行」とよばれる。

(2) 次の説明にあてはまる語句を答えよ。

□ ① 金融政策の1つで，日本銀行が，国債や手形などの有価証券を金融市場で売買することにより，通貨量を直接的に調整する政策。

□ ② ①において，市中金融機関どうしで短期資金の貸し借りを行う際の金利。

86 金融政策と金融の自由化

次の各問いに答えよ。

□ (1) 次の表は，金融政策についてまとめたものである。空欄にあてはまる語句を答えよ。なお，③・④には「引き下げ」「引き上げ」のいずれかが入る。

	好　況　期	不　況　期
公開市場操作	（　①　）オペレーション	（　②　）オペレーション
預金準備率操作	預金準備率の（　③　）	預金準備率の（　④　）

(2) 次の説明にあてはまる語句を答えよ。

□ ① 金融機関が破綻（はたん）した際，元本（がんぽん）1,000万円までとその利息を保証する制度。

□ ② 国際金融の安定化をはかるため，国際銀行業務を行う銀行に対して，国際決済銀行がとった規制。総資産に対する自己資本比率を8％以上とする。

□ ③ 直接の政策目標を利子率に定め，短期金融市場での銀行間の貸し借りの金利を実質0％に近づける，日本銀行の政策。

□ ④ 直接の政策目標を利子率から通貨量に切りかえ，市中金融機関が日本銀行に預けている日銀当座預金残高の増額をはかる，日本銀行の政策。

標準問題 ●●●●●●●●●●●●●●●●●●●●●●●●●●●●●●●●●●●●● 解答 ➡ 別冊*p.16*

できたらチェック

87 **◀差がつく** 金融に関する記述として正しいものを1つ選び，記号で答えよ。

ア 企業の資金調達手段には，企業が手持ちの資金を活用する自己金融のほか，社債や株式の発行による間接金融や銀行からの融資による直接金融がある。

イ 金融機関は預金準備金以外の預金を貸し出し，その多くは預金となって戻るが，この貸し付け操作を繰り返すことにより当初の預金額の何倍もの預金通貨を創出するしくみを信用創造という。

ウ 預金者には金融機関を選択する自己責任が求められるようになり，金融機関には，経営に関する十分な情報を公開するペイオフが義務づけられた。

エ 日本銀行は，わが国の中央銀行として，日本銀行券と硬貨とを独占的に発行できる。

88 景気が過熱しているときに日本銀行が行う金融政策として正しいものを1つ選び，記号で答えよ。

ア 市中金融機関への手形の売却　　イ 市中金融機関からの国債の購入

ウ 預金準備率の引き下げ　　エ 所得税の増税

19 政府の経済的役割と租税

○ **財政**…国や地方公共団体が公共目的のために行う経済活動。

① **予算**…1年間の歳入と歳出の計画。**一般会計**と**特別会計**。

② **財政投融資**（ざいせいとうゆうし）…おもに**財投債**の発行で市場から調達した資金などを用い、社会資本整備や中小企業対策などに融資。「第二の予算」ともよばれる。

○ **財政の機能**

① **資源配分の機能**…公共サービスや公共施設（**社会資本**）の提供。

② **所得再分配の機能**…所得格差是正のため、**累進課税**（ぜい）によって高所得者から多く徴収した税を、生活保護などの社会保障制度を通じて低所得者に再分配。

③ **景気調整の機能**…景気の安定化をはかる。

・ **フィスカル・ポリシー**（裁量的財政政策）（さいりょう）…景気動向に応じて行う。

・ **ビルト・イン・スタビライザー**（自動安定化装置）…財政に組みこまれた、累進課税制度や社会保障制度によって景気を自動的に調節するしくみ。

	公共事業	税　金
好況期	削　減	増　税
不況期	拡　大	減　税

○ **租税**

① **直接税と間接税**…納税者（のうぜい）と担税者（たんぜい）（税の負担者）が同一の**直接税**と、納税者と担税者が異なる**間接税**。

② **国税と地方税**…国に納める**国税**と、地方公共団体に納める**地方税**。

③ **課税の公平性**

・ **水平的公平**…同じ所得額の者は等しく税を負担。低所得者ほど負担大。

・ **垂直的公平**…高所得者がより多くの税を負担。所得税など。

④ **累進課税制度**…所得が多くなるにつれて高い税率が適用される制度。

⑤ **直間比率**…直接税と間接税の割合。日本は直接税の割合が高く、約6：4。

○ **国債**…国が経費をまかなうために発行する借用証書。

① **建設国債**…公共事業費の財源として発行。財政法上、発行が認められる。

② **特例（赤字）国債**…一般会計の財源不足を補うために発行。特別立法が必要。

③ **市中消化の原則**（しちゅうしょうか）…国債を日本銀行が買い取ることを禁止。

④ **財政の硬直化**…**国債費**が財政支出を圧迫し、十分な財政活動ができなくなる。

⑤ **プライマリー・バランス**（基礎的財政収支）…国債による収入を除く歳入から国債返済のための元利払いを除く歳出を引いたもの。黒字化が目標。

基本問題 ·············· 解答 ⇒ 別冊*p.16*

89 財政のしくみと機能 ◀テスト必出

できたら
チェック○

次の各問いに答えよ。

(1) 次の説明にあてはまる語句を答えよ。

□ ① 会計年度に先立ってたてられる, 歳入と歳出の計画。

□ ② ①のうち, 政府の一般行政活動に対するもの。

□ ③ ①のうち, 国が特定の事業や特定の資金を管理・運用するために設けられたもの。

□ ④ 財投債(財投機関債)の発行など, 国の信用にもとづいて調達した資金を財源として, 民間では困難な大規模・超長期プロジェクトなどを実現させるための投融資活動。

□ ⑤ 道路, 港湾(こうわん)など社会資本建設に使われる公共事業費の財源として発行される国債。

□ ⑥ 財政法上, 発行が禁止されている, 一般会計の財源不足を補うために発行される国債。

□ (2) 次の文は, 財政の機能についてまとめたものである。空欄にあてはまる語句を答えよ。なお, ⑥, ⑦はカタカナで答えよ。

・(①)の機能…私企業では供給されにくい公共財・公共サービスを供給する働き。

・(②)の機能…(③)制度によって高所得者から多く徴収した税を, 生活保護や失業保険などの(④)制度を通じて低所得者に分配し直し, 所得格差を是正する働き。

・(⑤)の機能…景気動向に応じて, 公共事業や税金を増減させる(⑥)と, 財政にあらかじめ組みこまれた(⑦)により, 経済を安定化させる働き。

90 財政政策 ◀テスト必出

次の各問いに答えよ。

□ (1) 不況期に政府が行う財政政策を次から2つ選び, 記号で答えよ。

　　ア　公共事業を増やす　　イ　増税

　　ウ　公共事業を減らす　　エ　減税

□ (2) 景気の自動安定化装置において, 財政にあらかじめ組みこまれている制度を2つ答えよ。

91 租税の分類 ◀テスト必出
　次の各問いに答えよ。

□(1)　租税に関する次の文の空欄にあてはまる語句を答えよ。

　　　税金は，家計や企業が国に納める（　①　）税と，地方公共団体に納める（　②　）税とに分けられる。また，納税義務者と実際の税負担者が同一の（　③　）税と，納税義務者と実際の税負担者が異なる（　④　）税とに分けられる。

□(2)　次の税目のうち，国税にあてはまるものをすべて選び，記号で答えよ。
　　　ア　自動車税　　イ　相続税　　ウ　事業税　　エ　関税

□(3)　次の税目のうち，直接税にあてはまるものをすべて選び，記号で答えよ。
　　　ア　消費税　　イ　法人税　　ウ　所得税　　エ　酒税

□(4)　所得税では，所得が多くなればなるほど高い税率が課される制度がとられている。このような制度を何というか。

92 租税と国債
　次の各問いに答えよ。

□(1)　次の文の空欄にあてはまる語句をあとのア～カから選び，それぞれ記号で答えよ。

　・租税の公平性の原則は，税の負担能力に応じて高所得者が多くの税を負担するという（　①　）公平と，同じ所得額の者は等しく税を負担するという（　②　）公平の2つの要素からなる。

　・（　③　）税である消費税には，低所得者ほど税負担が重くなるという（　④　）性があると指摘されている。

　　　ア　垂直的　　イ　水平的　　ウ　直接
　　　エ　間接　　オ　逆進　　カ　累進

□(2)　次の文の空欄にあてはまる語句を答えよ。

　・国税収入全体に占める直接税と間接税の比率を（　①　）といい，近年は，（　②　）税の割合のほうが大きい。

　・国債の（　③　）の原則とは，国債を（　④　）が買い取ることを禁止し，個人や市中金融機関が買い取るという原則である。

　(3)　国債について，次の各問いに答えよ。

□　　①　発行された国債の元利払いや返済にあてる経費を何というか。

□　　②　財政に占める①の割合が増大し，十分な財政活動ができなくなることを何というか。

標準問題 •• 解答 ➡ 別冊 *p.17*

93 ❰差がつく❱ 財政について，次の各問いに答えよ。

□ (1) 一般会計予算の歳出のうち，近年，歳出全体に占める割合が最も高くなっている項目を1つ選び，記号で答えよ。

　ア　公共事業関係費　　イ　防衛関係費

　ウ　社会保障関係費　　エ　文教および科学振興費

□ (2) 財政のもつ機能に関する記述として正しいものを1つ選び，記号で答えよ。

　ア　景気が過熱しているときには，雇用保険のような社会保障の給付が増加するため，自動的に景気を安定化させている。

　イ　高所得者には累進課税制度によって高い税金を課す一方で，低所得者には福祉サービスなどを行っている。

　ウ　景気が停滞しているときには，公共投資を縮小することによって有効需要を増加させ景気の回復をはかっている。

　エ　所得の再分配を促進させるために，直接税よりも消費税などの間接税による収入の割合を増加させている。

94 租税について，次の各問いに答えよ。

□ (1) 租税の分類に関する記述として正しいものを1つ選び，記号で答えよ。

　ア　酒税は，酒を生産した事業者が納める間接税である。

　イ　法人税は，都道府県を通じて納める間接税である。

　ウ　消費税は，商品を買ったときに消費者が納める直接税である。

　エ　所得税は，事業所を通じて納める間接税である。

□ (2) 租税に関する記述として正しいものを1つ選び，記号で答えよ。

　ア　直接税は，税金の支払い能力を考慮せず，だれもが同じ税率で負担することになっているため，税収を幅広い年代から安定して得ることができる。

　イ　直接税と間接税の比率は国によって異なっており，日本やアメリカでは間接税の比率が高く，ヨーロッパでは直接税の比率が高い。

　ウ　租税の公平性の原則は，所得格差を縮小するための水平的公平と，同一の所得には同一の課税額であるという垂直的公平の2つの要素からなる。

　エ　消費税には，低所得者ほど負担が重くなるという逆進性があることが指摘されている。

📖 *ガイド*　(1) 直接税は納税者と担税者が同一の租税，間接税は納税者と担税者が異なる租税である。

20 日本経済と産業構造の変化

◆ **戦後復興期**(1945〜54年)

① **経済の民主化政策**…GHQが主導。農地改革，財閥解体，労働組合の育成。

② **傾斜生産方式**(1947年)…石炭・鉄鋼などの基幹産業の再建を重視。

③ **ドッジ・ライン**(1949年)…経済安定9原則にもとづき，緊縮財政と単一為替レート設定(1ドル=360円)→インフレは収束したが，深刻な不況に。

④ **特需**…朝鮮戦争(1950年)の際の，アメリカ軍による物資調達→好景気。

◆ **高度経済成長期**(1955年ごろ〜73年)

① **高度経済成長**…実質経済成長率が年平均10%強→国民所得倍増計画。

② **要因**…設備投資の拡大，良質な労働力，高い貯蓄率による資金供給など。

◆ **安定成長期**(1974〜80年代前半)

・第1次石油危機(1973年)…**狂乱物価**と**スタグフレーション**が発生。

◆ **バブル経済以降**(1986年〜)

① **プラザ合意**(1985年)…ドル高是正のため，各国が協調介入をすることで合意→急激な円高により日本の輸出が停滞し，**円高不況**が深刻化。

② **バブル経済**(1986〜91年)…超低金利政策を背景に，株価・地価が高騰。

③ **日米貿易摩擦**…日米構造協議，日米包括経済協議が開かれる。

④ **平成不況**…バブル崩壊→**不良債権**増加→**貸し渋り**→企業の倒産・失業者増。不況とデフレの悪循環である**デフレスパイラル**におちいる。

◆ **産業構造の転換**

① **産業構造の高度化**…経済の発展につれ，産業構造が第一次産業から第二次産業，第三次産業に重点が移っていく(ペティ・クラークの法則)。

② **経済のサービス化・ソフト化**…サービス産業と知識・情報産業の伸び。

◆ **現代の中小企業**

① **中小企業の地位**…事業所数の99%以上，従業者数の約70%を占める。

② **経済の二重構造**…大企業との間に，資本装備率，賃金，生産性で格差。

③ **下請けと系列**…継続的な取引関係にある下請けと，株式保有などの系列。

◆ **農業問題**

① **食料自給率**…日本は約40%で，先進諸国の中では最低の水準。

② **農業基本法**(1961年)…経営規模の拡大，自立経営農家の育成など。

③ **食糧管理制度**…コメの政府買い上げ→**逆ざや**による生産過剰→減反政策。

④ **食料・農業・農村基本法**(新農業基本法，1999年)…農村振興，食料の安定供給の確保，農業の多面的機能の発揮，農業の持続的な発展が基本理念。

基本問題 •• 解答 ➡ 別冊 *p.17*

95 戦後復興期から高度経済成長期の日本経済 ◀テスト必出

できたら
チェック○

次の各問いに答えよ。

(1) 次の説明にあてはまる語句を答えよ。

☐ ① 戦後復興のために1947年から実施された，石炭や鉄鋼などの基幹産業に資金・資材を重点的に配分する方式。

☐ ② 1949年から実施された緊縮的な経済政策。

☐ ③ 朝鮮戦争中，日本に好景気をもたらした，アメリカ軍の物資調達による需要。

☐ ④ 1950年代半ばごろから始まった，実質で年平均10％をこえる経済成長。

☐ (2) 高度経済成長の要因として正しいものを次から2つ選び，記号で答えよ。

ア 国民の高い貯蓄率を背景として，企業に資金が大量に供給された。

イ 基幹産業に重点をおいた傾斜生産方式が採用された。

ウ 金利の引き上げなどによって，株式や土地の価格が抑制された。

エ 欧米の新技術が導入され，技術革新に伴う大規模な設備投資が行われた。

96 安定成長期以降の日本経済，産業構造の変化 ◀テスト必出

次の各問いに答えよ。

(1) 次の説明にあてはまる語句を答えよ。

☐ ① 1973年に起こった第4次中東戦争を契機に，石油価格が大幅に引き上げられたことによる経済への影響。

☐ ② ①により日本が見舞われた，急激な物価高。

☐ ③ 1970年代にみられた，不況と物価上昇が同時に進行する経済状況。

☐ ④ 1985年，G5によりドル高是正のためになされた合意。

☐ ⑤ 円高不況後に起こった，株式や土地の価格が実体評価以上に高騰した経済。

☐ ⑥ 金融機関の貸し出しのうち，貸付先企業の経営不振や倒産，担保である土地の価格下落などにより回収困難となった貸付金。

☐ (2) 次の文の空欄にあてはまる語句を答えよ。

・「産業構造の（ ① ）」とは，経済の発展につれ，産業構造が第一次産業から第二次産業，第三次産業に重点が移っていくことをいい，このような傾向を発見した経済学者の名前にちなんで「（ ② ）の法則」ともよばれる。

・「経済の（ ③ ）化」とは，第三次産業を中心に（ ③ ）産業の占める割合が高まること，「経済の（ ④ ）化」とは，企画・情報といった知識・情報産業の役割が大きくなることをいう。

(3)　次の各問いに答えよ。

□　①　資本装備率や賃金などさまざまな格差をもつ大企業と中業企業が共存する日本の経済構造は何とよばれているか。

□　②　中小企業が，部品の外注などで大企業と継続的な取引関係にあることを何というか。

□　③　農家の経営規模の拡大，自立経営農家の育成などをめざし，1961年に制定された法律を何というか。

□　④　農村の振興，食料の安定供給(きょうきゅう)の確保，農業の持続的な発展などをめざし，1999年に制定された法律を何というか。

標準問題 •• 解答 ⇒ 別冊 *p.18*

97　**◀差がつく▶**　次の各問いに答えよ。

□(1)　次のできごとを，起こった順に並べかえよ。
　　A　プラザ合意　　　B　石油危機(オイル・ショック)
　　C　特需(とくじゅ)　　　　　D　国民所得倍増計画

□(2)　バブル崩壊の時期のできごととして適切でないものを次から1つ選び，答えよ。

　　ア　金融機関などは，不動産の取得・開発のために，巨額の資金を融資したが，そのうちの相当額が回収不能となり，多額の不良債権(さいけん)をかかえこんだ。

　　イ　自己資本比率の低下した金融機関は貸し渋(しぶ)りを行ったことから，資金不足のために倒産する企業があいついだ。

　　ウ　経営の悪化した企業ではリストラが行われ，失業率が上昇した。

　　エ　減量経営によるコスト削減を行ったが，不況とインフレーションが共存し，物価が高騰(こうとう)した。

98　日本の農業や中小企業に関する記述として正しいものを1つ選び，答えよ。

　　ア　食糧(しょくりょう)管理制度は，米の作付面積を減少させて生産調整をはかるものであった。

　　イ　コメの輸入については，1995年から最低輸入量(ミニマム・アクセス)の輸入が始まり，1999年から関税化が実施された。

　　ウ　中小企業が，大企業の仕事の一部を受注することを系列化といい，さらに大企業による株式保有や役員派遣などの関係がある場合を下請(したう)けという。

　　エ　中小企業は，中小企業基本法において，業種にかかわらず資本金が1億円以下または従業員が100人以下の企業であると定義されている。

21 公害の防止と環境保全

日本の公害問題

① 公害…大気汚染，水質汚濁，土壌汚染，騒音，振動，地盤沈下，悪臭(典型七公害)。産業活動から発生する公害は産業公害。

② 足尾銅山鉱毒事件…明治時代に起こり，代議士・田中正造が国会で追及。

③ 四大公害訴訟

	発生地域	原因物質	症 状	判 決
水俣病	熊本県 水俣湾周辺	水質汚濁 有機水銀	神経症状や内臓などに影響	1973年 原告全面勝訴
四日市 ぜんそく	三重県 四日市市	大気汚染 亜硫酸ガス	ぜんそく発作 や呼吸困難	1972年 原告全面勝訴
イタイ イタイ病	富山県 神通川流域	水質汚濁 カドミウム	骨がもろくなる	1972年 原告全面勝訴
新潟 水俣病	新潟県 阿賀野川流域	水質汚濁 有機水銀	神経症状や内臓などに影響	1971年 原告全面勝訴

公害対策

① 公害対策基本法(1967年)…公害対策を総合的に推進。

② 環境庁(1971年)…公害対策行政の一元化→2001年より環境省。

③ 環境基本法(1993年)…地球環境問題や都市・生活型公害に対応。

④ 環境影響評価法(環境アセスメント法)(1997年)…大規模開発が環境におよぼす影響を事前に調査・評価することを義務づけ。

⑤ 公害防止の規制…濃度規制から総量規制へ。企業に故意・過失がなくても，健康被害を与えた企業は賠償責任を負うとする無過失責任制や，公害発生企業が公害対策費用を負担する汚染者負担の原則(PPP)を確立。

⑥ ナショナル・トラスト運動…貴重な自然や歴史的産物を住民が保存。

新しい健康被害

① ダイオキシン…ごみの焼却施設から排出→ダイオキシン類対策特別措置法。

② アスベスト(石綿)…呼吸器に影響→石綿健康被害救済法制定(2006年)。

循環型社会…持続可能な社会をつくり，資源の循環をはかる。

① 日本の法制度…循環型社会形成推進基本法(2000年)などを制定。

② 企業の取り組み…ゼロエミッション(廃棄物を出さない)や環境会計。

③ 消費者の取り組み…3R(リデュース，リユース，リサイクル)。

基本問題 ••• 解答 ➡ 別冊*p.18*

99 公害問題　◀テスト必出

できたら
チェック○！

次の各問いに答えよ。

(1) 次の説明にあてはまる語句を答えよ。

□ ① 典型七公害とは，土壌汚染，騒音，地盤沈下，振動，悪臭とあと2つは何か。

□ ② 代議士の田中正造が国会で追及した，明治時代の代表的な公害事件を何というか。

□ ③ 企業活動にともなって発生する公害を何というか。

□(2) 次の表は，四大公害訴訟についてまとめたものである。表中の空欄にあてはまる語句を答えよ。

	新潟水俣病	（　①　）	（　②　）	水俣病
被害地域	新潟県 阿賀野川流域	三重県 四日市市	富山県 神通川流域	熊本県 水俣湾周辺
おもな原因	（　③　）	亜硫酸ガス	（　④　）	（　③　）

□(3) 次の文の空欄にあてはまる語句をあとのア〜ウから選び，それぞれ記号で答えよ。

・石綿ともよばれる（　①　）は，肺などの呼吸器に影響を与えることから，その使用が全面的に禁止され，2006年には石綿健康被害救済法が制定された。

・（　②　）は，ごみの焼却過程で発生する，きわめて毒性の強い有機塩素化合物であり，1999年に（　②　）類対策特別措置法が制定された。

ア　ダイオキシン　　イ　アスベスト　　ウ　環境ホルモン

100 環境保護と循環型社会　◀テスト必出

次の各問いに答えよ。

(1) 次の説明にあてはまる法律名を答えよ。

□ ① 公害対策を総合的に推進するために，1967年に制定された法律。

□ ② 地球環境問題や都市・生活型公害を含む環境行政を総合的に推進するために，1993年に制定された法律。

□ ③ 1997年に制定された，発電所や高速道路など大規模な開発を行う際に，環境への影響について事前に調査・評価することを義務づけた法律。

(2) 次の説明にあてはまるものを答えよ。

□ ① 2021年現在，環境行政を一元的に担っている官庁を何というか。

□　②　一定地域ごとに有害物質の総排出量を決めて規制することを何というか。

□　③　公害を発生させた企業が公害対策費用を負うという，被害救済の原則を何というか。

□　④　企業に故意・過失がなくても，企業活動と被害との間に因果関係があれば，企業は被害者に対し賠償責任を負うとする考え方を何というか。

□　⑤　持続可能な社会をめざし，資源を有効に活用する循環型社会をつくることを目的に2000年に制定された法律を何というか。

□　⑥　循環型社会において必要な取り組みとして3Rがあげられる。このうち，廃棄物(はいきぶつ)の再生利用のことをカタカナで何というか。

標準問題

できたらチェック○

●●●　解答 ➡ 別冊*p.19*

□　**101**　**◀差がつく**　公害問題に関する記述として正しいものを1つ選び，記号で答えよ。

ア　公害問題は，第二次世界大戦後に発生したものであり，明治時代には社会問題として認識されていなかった。

イ　高度経済成長期には四大公害が発生し，その訴訟ではいずれも被告である企業側が勝訴した。

ウ　四大公害のうち，新潟県阿賀野川流域で起こったイタイイタイ病は，工場排水の有機水銀が原因物質である。

エ　公害による健康被害に対して医療費や補償費(ほしょう)を支給することなどを定めた公害健康被害補償法が1973年に制定された。

□　**102**　環境に対するさまざまな取り組みに関する記述として適切ではないものを1つ選び，記号で答えよ。

ア　公害対策行政を一元化するため，1970年代初めに環境省が設置され，その後，四大公害訴訟の判決を踏まえて公害対策基本法が制定された。

イ　各種有害物質を規制する濃度規制では，有害物質を水で薄めれば規制対象外となるため，地域ごとの排出量を制限する総量(そうりょう)規制が導入されるようになった。

ウ　大規模開発を行う事業者は，開発による環境負荷を回避または低減するため，事前にその影響を評価する環境影響評価を行う必要がある。

エ　公害対策基本法は産業公害に関して規定しており，地球環境問題については考慮(こうりょ)していなかったことから，地球環境問題に対する施策を盛り込んだ環境基本法が制定された。

22 消費者の保護

○ **消費者主権と消費者運動**

① **消費者主権**…市場経済で生産のあり方を最終的に決めるのは消費者とする考え方。しかし，**依存効果**やデモンストレーション効果を受けやすい。

② **消費者運動**…消費者の権利を確立しようとする運動。

③ **消費者の四つの権利**…アメリカのケネディ大統領が1962年に提唱。安全である権利，知らされる権利，選択できる権利，意見が反映される権利。

④ **生活協同組合(生協)**…商品の共同購入，商品テストの実施など。

⑤ **グリーン・コンシューマー**…環境に配慮した商品を優先して購入する。

○ **消費者保護のための法律・制度**

① **消費者保護基本法**(1968年)…消費者保護の基本的な枠組みを規定。

② **クーリング・オフ**…訪問販売などで購入した商品に関し，一定期間であれば無条件で契約の解除ができる制度。**割賦販売法**や**特定商取引法**で規定。

③ **製造物責任法(PL法)**(1994年)…製品の欠陥による被害に対して，製造者などが過失の有無にかかわらず損害賠償責任を負う**無過失責任**を定める。

④ **消費者契約法**(2000年)…不当な契約をめぐるトラブルから消費者を保護。

⑤ **消費者基本法**(2004年)…消費者保護基本法を抜本改正。従来の消費者の保護ではなく，自立支援に重点を置く。

○ **消費者保護のための行政組織**

① **消費者庁**…消費者行政を一元化。2009年設置。

② **国民生活センター**…消費生活に関する情報提供・調査研究を行う国の機関。

③ **消費生活センター**…商品テストや苦情処理などを実施する，地方公共団体に置かれた行政機関。

基本問題 ●●●●●●●●●●●●●●●●●●●●●●●●●●●●●●●●●●●● 解答 ➡ 別冊*p.19*

103 消費者主権

次の各問いに答えよ。

□ (1) 市場での購買行動を通じて生産のあり方を最終的に決定するのは消費者であるとする考え方を何というか。

□ (2) 訪問販売などで購入した商品に関し，一定期間であれば無条件で契約の解除ができる制度を何というか。

□ (3) アメリカのケネディ大統領が提唱した「消費者の四つの権利」を次からすべて選び，記号で答えよ。

  ア　知らされる権利　　　イ　意見が反映される権利　　ウ　契約する権利
  エ　公開を求める権利　　オ　安全である権利　　　　　カ　選択できる権利

104 消費者保護のための法律・行政組織　◀テスト必出

次の各問いに答えよ。

(1) 次の説明にあてはまる法律をあとのア～エから選び，それぞれ記号で答えよ。

□ ① 製品の欠陥によって消費者が被害を受けた場合，損害賠償の責任を製造者に義務づけた法律。

□ ② 事業者が重要な情報でうそを言ったりした場合には，消費者が契約を取り消すことができることなどを定めた法律。

□ ③ 消費者の自立支援をはかるため，消費者保護基本法にかわって2004年に制定された法律。

  ア　消費者基本法　　　イ　製造物責任法（PL法）
  ウ　消費者契約法　　　エ　独占禁止法

(2) 次の説明にあてはまる機関名を答えよ。

□ ① 消費者保護政策をいっそう強力に展開するため，2009年に設置された省庁。

□ ② 消費生活に関する情報提供・調査研究を行う国の機関。

□ ③ 商品テストや苦情処理などを実施する，地方公共団体に置かれた機関。

できたら
チェック

標準問題 ●●●●●●●●●●●●●●●●●●●●●●●●●● 解答 ➡ 別冊 *p.19*

□ **105** 消費者の権利と保護に関する記述として適切ではないものを1つ選び，記号で答えよ。

ア 訪問販売などで商品を購入した場合，一定の期間内であれば無条件にその契約を解消できるクーリング・オフという制度がある。

イ 消費者の自立を支援するため，消費者保護基本法が消費者基本法に抜本改正された。

ウ 消費者が広告や宣伝の内容を容易に信じ込んで商品を購入することを依存効果という。

エ 製造物の欠陥による被害に対して，製造者の無過失責任までを規定した消費者契約法が制定された。

📖ガイド　エ．無過失責任とは，過失の有無にかかわらず，損害賠償責任を負うこと。

23 雇用と労働問題

◉ 労働基本権と労働三法

① **勤労権**…すべての国民に働く権利を保障。憲法第27条に規定。

② **労働基本権（労働三権）**…憲法第28条で保障。

・**団結権**…労働者が団結して労働組合を結成する。

・**団体交渉権**…労働条件などの改善のため，労働組合が使用者と交渉。

・**団体行動権（争議権）**…ストライキなどの争議行為を行う。

③ **労働三法**…いずれも第二次世界大戦後に制定。

・**労働基準法**…賃金・労働時間・休日などの労働条件の最低基準を規定。監督行政機関として**労働基準監督署**。

・**労働組合法**…労働基本権を具体的に保障。団体交渉による**労働協約**の締結，争議行為の保障，使用者による**不当労働行為**の禁止などを規定。

・**労働関係調整法**…労働争議の予防・解決が目的。紛争処理のため，**労働委員会**が**斡旋**，**調停**，**仲裁**の手続きによって調整を行うことを規定。

◉ 雇用情勢・雇用慣行の変化

① **雇用情勢の変化**…有効求人倍率は近年，低下傾向にある。

・**非正規雇用**…パート労働者，派遣労働者など。→近年は増加傾向。

・**若年層の問題**…フリーターやニート（NEET）が増加。

・**ワークシェアリング**…時間短縮により，仕事や賃金を分かち合うこと。

② **日本的経営方式**→崩れつつある。

・**終身雇用制**…新卒者を正社員として採用し，定年まで雇用し続ける。

・**年功序列型賃金**…勤続年数に応じて賃金が上昇する賃金体系→近年は，能力給や職能給，年俸制などの能力主義・**成果主義**的な賃金制度を導入。

・**企業別労働組合**…企業ごとに労働組合結成→労働組合組織率は低下傾向。

③ **現代の労働問題**…過労死などの労働災害（労災）や外国人労働者の問題。

◉ 労働条件の改善

① **労働基準法改正**…女子の時間外休日労働，深夜業の制限撤廃。

② **男女雇用機会均等法（1985年）**…募集・採用，配置・昇進にあたっての男女差別を禁止。2006年の改正では男女双方への差別を禁止。

③ **育児・介護休業法**…男女を問わず，育児・介護のための休業を取得できる。

④ **障害者雇用促進法**…事業者に対する障害者の雇用率を規定。

⑤ **ワーク・ライフ・バランス**…仕事と私生活の適切な調和。

基本問題 ●● 解答 ➡ 別冊 *p.19*

106 労働基本権　＜テスト必出

_{できたら
チェック}

次の各問いに答えよ。

(1) 次は労働基本権についての説明である。それぞれ何という権利か答えよ。

□　① 労働組合が有利な労働条件などを獲得するため，ストライキなどを行う権利。

□　② 労働条件や待遇の改善のため，労働組合が交渉する権利。

□　③ 労働者が団結して労働組合を結成する権利。

(2) 次の労働争議について，あてはまる語句をあとのア～ウから選び，それぞれ記号で答えよ。

□　① 労働者が自分たちの要求を通すために，団結して作業をやめること。

□　② 労働者が自分たちの要求を通すために，生産性を低下させること。

　　　ア　サボタージュ　　イ　ピケッティング　　ウ　ストライキ

107 労働に関する法律　＜テスト必出

次の各問いに答えよ。

(1) 次の説明にあてはまる法律をあとのア～カから選び，それぞれ記号で答えよ。

□　① 労働者と使用者との間で発生する労働争議の予防・解決を目的としている。

□　② 賃金・労働時間・休日など労働条件の最低基準について定めている。

□　③ 労働基本権を具体的に保障した法律で，団体交渉による労働協約の締結，不当労働行為の禁止などについて定めている。

□　④ 職場での男女平等をめざし，募集・採用，配置・昇進にあたっての男女差別を禁止している。

□　⑤ 少子高齢化対策として，職場と家庭の両立を支援することを目的としている。

　　　ア　労働基準法　　イ　育児・介護休業法　　ウ　男女共同参画社会基本法
　　　エ　労働組合法　　オ　労働関係調整法　　カ　男女雇用機会均等法

(2) 次は労働三法に関する説明である。それぞれ何というか答えよ。

□　① 労働基準法規定の労働条件の維持・向上を指揮・監督するための行政機関。

□　② 団体交渉により，労働組合と使用者とが結ぶ取り決め。

□　③ 労働組合法で禁止されている，使用者が労働組合に介入したり，労働者に対して不利益な取扱いをしたりすること。

□　④ 労働争議の解決や③の排除（はいじょ）などを行う行政機関。

108 雇用情勢・雇用慣行の変化 ◀テスト必出▶

次の各問いに答えよ。

- □ (1) 次の文の空欄にあてはまる語句を答えよ。
  - ・パート労働者や派遣労働者などとして雇われる雇用形態を（　①　）という。
  - ・（　②　）とは，労働者一人あたりの労働時間を短縮して雇用人数を増やし，仕事や賃金をより多くの人で分かち合おうとする考え方をいう。
  - ・（　③　）とは，仕事と私生活の適切な調和のことで，年齢・性別にかかわらず，だれもが働きやすい職場や社会環境を整備することである。

  (2) 次は日本的経営方式についての説明である。それぞれ何というか答えよ。
- □ ①　企業ごとに結成される労働組合。
- □ ②　勤続年数に応じて賃金が上昇する賃金制度。
- □ ③　新規学卒者を正社員として採用し，定年まで雇用し続ける制度。

標準問題 ●●●●●●●●●●●●●●●●●●●●●●●●●●●●●●●●●●●●●● 解答 ➡ 別冊 *p.20*

- □ **109** ◀差がつく▶ 労働三法に関する記述として正しいものを1つ選び，答えよ。

  ア　労働基準法は，労使対等の立場での労働条件の決定などを基本原則として掲げ，賃金・労働時間・休日などについて基準を定めている。

  イ　労働組合法は，労働者が自主的に労働組合を組織し，使用者と対等な立場で団体交渉を行い，労働契約を結ぶことを保障している。

  ウ　労働関係調整法は，労働組合を組織することを使用者が妨げる不当労働行為を禁止している。

  エ　労使関係を調整し，労働争議を予防・解決するために労働基準監督署が設けられ，斡旋・調停・仲裁の3つの方法によって労使関係の改善にあたっている。

- □ **110** 近年の雇用状況に関する記述として適切でないものを1つ選び，答えよ。

  ア　年俸制や職能給など，能力主義的な賃金制度が導入されるようになった。

  イ　男女雇用機会均等法の制定・改正により，賃金，労働条件などに関する男女差別はほとんど解消された。

  ウ　労働者一人あたりの労働時間を短縮して雇用人数を増やし，多くの人に労働と収入の機会を与えようとすることをワークシェアリングという。

  エ　パート労働者や派遣労働者などの非正規雇用者は，正規雇用者と比べると，身分が不安定なうえ，賃金が低くなっている。

24 豊かな生活と社会福祉

- **世界の社会保障制度の歴史**
  ① **エリザベス救貧法**(1601年, イギリス)…世界初の生活困窮者保護政策。
  ② **疾病保険法**など(1883年, ドイツ)…ビスマルクが疾病・労働災害・老廃に関する社会保険制度を世界で初めて創設。労働運動の弾圧も同時に行ったことから,「**アメとムチ**」の政策とよばれる。
  ③ **連邦社会保障法**(1935年, アメリカ)…ニューディール政策の一環。
  ④ **ベバリッジ報告**(1942年, イギリス)…全国民を対象とした社会保障制度の構築→「ゆりかごから墓場まで」がスローガン。

- **日本の社会保障制度**…日本国憲法第25条の生存権を理念とする。
  ① **社会保険**…病気や高齢などの際に現金やサービスを給付。**医療保険, 年金保険, 雇用保険,** 労働者災害補償保険(**労災保険**), **介護保険。**国民皆保険・国民皆年金が1961年に実現。被保険者・事業主の保険料が中心。
  ② **公的扶助**…生活保護法にもとづき, 生活困窮者に最低限の生活(ナショナル・ミニマム)を保障。医療, 住宅, 教育, 介護などがあり, 全額公費負担。
  ③ **社会福祉**…児童, 母子, 高齢者, 障害者などの生活を支援するため, 施設やサービスを提供。全額公費負担。**福祉事務所**が事務を行う。
  ④ **公衆衛生**…国民の健康維持・増進を目的として, 疾病の予防・治療, 衛生教育などを行う。全額公費負担。**保健所**が中心的な役割を果たす。

- **年金制度改革**
  ① **基礎年金制度**(1986年導入)…20歳以上60歳未満の者はすべて基礎年金(国民年金)に加入。
  ② **年金財源の調達方法**…現在は, 賦課方式で実施。
    ・**賦課方式**…一定期間に支給する年金を, 現役労働者の保険料でまかなう。
    ・**積立方式**…被保険者が在職中に積み立てた保険料が年金の財源となる。
    ・**確定拠出年金**(日本版401k)…加入者が一定の保険料を拠出。

- **高齢者対策と福祉社会**
  ① **介護保険制度**(2000年導入)…65歳以上の高齢者や, 要介護状態となった40〜64歳の人に適用。40歳以上が保険料を負担。
  ② **後期高齢者医療制度**(2008年導入)…75歳以上の高齢者も保険料を負担。
  ③ **ノーマライゼーション**…すべての人々が同じ社会の中で普通に生活する。
  ④ **バリアフリー**…生活する上で支障となる物理的・精神的な障害を取り除く。

基本問題 •• 解答 ➡ 別冊*p.20*

111 世界の社会保障制度

できたら チェック

次の説明にあてはまる国名をあとのア～エから選び，それぞれ記号で答えよ。

☐ (1)　世界恐慌(きょうこう)を克服するためのニューディール政策の一環として，公的扶助(ふじょ)と社会保険を統合した連邦社会保障法が制定された。

☐ (2)　ベバリッジ報告にもとづき，全国民を対象とし，一生を通じて最低限の生活を保障することを目的とした制度の整備を行った。

☐ (3)　疾病(しっぺい)，労働災害などに関する社会保険制度を世界で初めて創設したが，同時に労働運動の弾圧も行ったことから，「アメとムチ」の政策とよばれる。

　ア　アメリカ　　イ　イギリス　　ウ　フランス　　エ　ドイツ

112 日本の社会保障制度 ❮テスト必出❯

次の各問いに答えよ。

☐ (1)　次の表は，日本の社会保障制度の4つの柱についてまとめたものである。空欄にあてはまる語句を答えよ。

（　①　）	あらかじめ保険料を積み立てておき，病気や失業，高齢などで必要になった場合に，現金やサービスを給付。
（　②　）	生活が困難な人に対して，生活費などを給付して最低限の生活を保障。
（　③　）	児童，母子，高齢者，障害者などの生活を支援するため，福祉施設や福祉サービスを提供。
（　④　）	国民の健康維持・増進を目的として，疾病の予防や治療(ちりょう)，生活環境の整備などを実施。

☐ (2)　次の文の空欄にあてはまる語句・数字を答えよ。

・日本の社会保障制度は，（　①　）第25条の（　②　）権にもとづき，第二次世界大戦後，本格的に整備されるようになった。

・基礎年金制度が1986年に導入され，（　③　）歳以上60歳未満の者はすべて基礎年金ともよばれる（　④　）に加入している。

・社会保険には，年金保険，医療保険，労働者災害補償(ほしょう)保険，介護(かいご)保険のほか，（　⑤　）がある。

・公的扶助は，生活困窮(こんきゅう)者に最低限の生活を保障することを目的としているが，「最低限の生活」のことを，カタカナで（　⑥　）という。

・公的扶助は，（　⑦　）法にもとづいて行われている。

113 高齢者対策と福祉社会 ◀テスト必出

次の各問いに答えよ。

(1) 次の説明にあてはまる語句をあとのア～ケから選び，それぞれ記号で答えよ。

□ ① 20歳以上60歳未満のすべての国民が加入しなければならない，全国共通の年金。

□ ② 被保険者が在職中に支払った保険料で，将来の年金給付をまかなう方式。

□ ③ 一定期間に支給する年金を，現役労働者の保険料でまかなう方式。

□ ④ 75歳以上の高齢者にも保険料負担を求め，2008年に導入された医療保険制度。

□ ⑤ 高齢者や心身に障害にある人も含めて，すべての人々が家庭や地域社会の中でともに普通に生活すべきだとする考え方。

□ ⑥ 高齢者や心身に障害のある人などが安全・快適にくらせるよう，社会生活を送る上で支障となる物理的・精神的な障害を取り除くこと。

　　ア　賦課方式　　イ　老人保健制度　　ウ　ユニバーサルデザイン

　　エ　積立方式　　オ　バリアフリー　　カ　ノーマライゼーション

　　キ　後期高齢者医療制度　　ク　基礎年金(国民年金)　　ケ　厚生年金

□ (2) 介護保険制度において，保険料を支払うのは何歳以上の者か。次から選び，記号で答えよ。

　　ア　18歳以上　　イ　20歳以上　　ウ　40歳以上　　エ　60歳以上

標準問題 •• 解答 ➡ 別冊*p.21*

できたらチェック○

114 日本の社会保障制度に関する記述として正しいものを1つ選び，記号で答えよ。

ア　社会保険は，医療保険，年金保険，雇用保険，生命保険，介護保険からなり，これらの費用は被保険者が全額負担し，政府や事業主の負担はない。

イ　年金制度については，サラリーマンや公務員には厚生年金，自営業者には国民年金が適用され，国民全体で統一された年金制度はまだない。

ウ　公的扶助は，最低限度の生活を維持できない国民を対象に，全額公費負担で生活・教育・住宅などの扶助を行うもので，近年対象者は増加している。

エ　ノーマライゼーションとは，高齢者や障害者などが，バリアフリー化された施設の中でくらしていけるようにすべきだとする考え方である。

📖 *ガイド*　イ．国民年金は基礎年金ともよばれる。

25 国家主権と国際法

テストに出る重要ポイント

◉ 国際社会の成立

① **ウェストファリア条約**(1648年)…三十年戦争を終結させた条約→主権国家を構成単位とする国際社会が成立。

・**主権国家**…一定の領土と国民を支配し，対外的に独立した体制をもつ国家。領土や人口の大小にかかわらず平等(**主権平等の原則**)。

② **ナショナリズム**→多くの植民地が独立し，主権国家が増大。

③ **国家の三要素**…主権(国家の最高権力)，領域(領土，領海，領空)，国民。

④ **国際社会の主体**…国家以外に，国際機関やNGO(非政府組織)など。

◉ 国際法の意義

① **国際法**…国家間の関係を調整し，国際社会を規律する法。

・**条約**…明文化された国家間の合意。協定，規約，憲章，議定書なども含まれる。締約国にのみ効力がおよぶ。

・**国際慣習法**…多数の国家における長年の慣習から生まれ，認められてきた規範。すべての国家を拘束する効力を有する。

② **グロティウス**…オランダの法学者。主著『戦争と平和の法』において，国際法を理論的に体系づけたことから，「**国際法の父**」とよばれる。

③ **国際裁判の制度**…国際司法裁判所(ICJ)や国際刑事裁判所(ICC)。

◉ 勢力均衡と集団安全保障…国際平和を維持する方法。

① **勢力均衡**…対抗する各国の軍事力のバランスによって，国際平和を維持しようとする方式→軍備拡張競争が活発化→第一次世界大戦の勃発。
例 第一次世界大戦直前の三国同盟と三国協商の対立。

② **集団安全保障**…多数の国が参加する国際体制をつくり，平和と安全をおびやかす侵略国に対して共同で制裁を加える方式。例 国際連盟，国際連合。

基本問題 ･･････････････････････････ 解答 ➡ 別冊*p.21*

115 国際社会の成立と国際法　◀テスト必出

次の各問いに答えよ。

□ (1) 次の文の空欄にあてはまる語句を答えよ。

・国際社会は(　①　)国家を基本単位として構成された社会であり，1648年の(　②　)条約をきっかけとして誕生した。

・第二次世界大戦後，多くの植民地が民族の解放や統一・独立を目的とする（　③　）を掲げて独立を果たした。

・国際社会の秩序を形成するため，（　①　）国家間の関係を規律する法のことを（　④　）という。

・オランダの法学者である（　⑤　）は，世界で最初に（　④　）を理論的に体系づけたことから「（　⑥　）」とよばれる。

(2)　次の説明にあてはまる語句を答えよ。

□　①　一定の領土と国民を支配し，対外的に独立した体制をもつ国家。

□　②　国際法のうち，多数の国家における長年の慣習から生まれ，認められてきた規範。

□　③　国際法のうち，明文化された国家間の合意。

116 平和維持方式

次の文は，平和維持方式についてまとめたものである。空欄にあてはまる語句を答えよ。

□(1)　（　①　）は，対抗する各国の軍事力のバランスによって国際平和を維持しようとするもので，これにより（　②　）競争が活発化し第一次世界大戦を招いた。

□(2)　（　③　）は，多数の国が参加する国際体制をつくり，平和と安全をおびやかす侵略国に対して共同で制裁を加え，相互の平和と安全を確保しようとするものである。第一次世界大戦終結直後に発足した（　④　）や第二次世界大戦終結直後に発足した（　⑤　）において採用された。

標準問題 ●●●●●●●●●●●●●●●●●●●●●●●●●●●●●●●●●●●●● 解答 ➡ 別冊*p.21*

117　国際社会に関する記述として正しいものを1つ選び，記号で答えよ。

ア　ウィーン条約は三十年戦争を終結させるために開催された国際会議において結ばれた国際法であり，主権国家を構成単位とする国際社会を誕生させた。

イ　オランダの法学者であるグロティウスは，主著『戦争と平和の法』において国際法を理論的に体系づけたことから，「国際法の父」とよばれる。

ウ　国際法は，条約のみではなく，国家間で習慣的にくり返し行われ拘束力あるものとして認められた国際慣習法から成り立っており，宣言や議定書は国際慣習法に含まれる。

エ　勢力均衡は，対抗する各国の軍事力のバランスによって，国際平和を維持しようとする方式であり，国際連盟もこの考え方をとっていた。

26 国際連合のしくみと役割

◎ **国際連盟**

① **国際連盟の成立**…ヴェルサイユ条約により1920年発足。アメリカのウィルソン大統領が提唱した「平和14か条」にもとづく。

② **問題点**…大国の不参加や脱退(米は不参加、ソ連は除名、日・独・伊は脱退)。表決が**全会一致制**で迅速な対応できず。経済制裁のみで強制力弱い。

◎ **国際連合の成立**

① **国際連合憲章**…1945年のサンフランシスコ会議で採択。

② **成立**…51か国を原加盟国として、1945年10月に発足。本部は**ニューヨーク**。

◎ **国際連合の主要機関と課題**

① **総会**…全加盟国で構成。1国1票の原則のもとに、過半数の多数決で決定(重要事項は3分の2以上)。

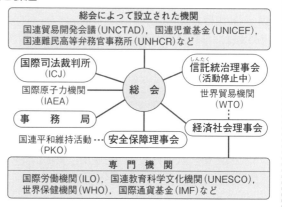

総会によって設立された機関
国連貿易開発会議(UNCTAD)、国連児童基金(UNICEF)、国連難民高等弁務官事務所(UNHCR)など

国際司法裁判所(ICJ)

信託統治理事会(活動停止中)

国際原子力機関(IAEA)

総 会

世界貿易機関(WTO)

事 務 局

経済社会理事会

国連平和維持活動(PKO)…**安全保障理事会**

専 門 機 関
国際労働機関(ILO)、国連教育科学文化機関(UNESCO)、世界保健機関(WHO)、国際通貨基金(IMF)など

② **安全保障理事会**…国際平和と安全の維持を担う。**拒否権**を有する5か国の**常任理事国**

(米、英、仏、中、ロ)と10か国の非常任理事国の計15か国で構成。

③ **経済社会理事会**…経済・社会・教育・人権などの国際問題を解決。専門機関やNGO(非政府組織)と連携。

④ **国際司法裁判所(ICJ)**…国家間の紛争・訴訟を国際法にもとづき平和的に解決。当事国双方の同意により裁判を開始。所在地はハーグ。

⑤ **課題**…安全保障理事会の改革、財政の問題。

◎ **国際連合の安全保障活動**

① **制裁措置**…安全保障理事会の議決による。非軍事的措置(経済制裁、外交断絶など)と**軍事的制裁**。特別協定によって編成される国連軍は存在せず。

② **「平和のための結集」決議**…軍事的な強制措置を勧告する。

③ **国連平和維持活動(PKO)**…紛争地域における平和の回復や再発防止、紛争拡大防止などが目的。軽武装の国連平和維持軍(PKF)など。

基本問題 •• 解答 ➡ 別冊*p.21*

できたら
チェック

118 国際連盟と国際連合 ◀ テスト必出

次の各問いに答えよ。

- □ (1) 次の文の空欄にあてはまる語句・数字を答えよ。
  - ・第一次世界大戦後の1920年，ヴェルサイユ条約により世界初の国際平和組織として（　①　）が発足した。
  - ・（　①　）は，アメリカの（　②　）大統領が提唱した「平和14か条」にもとづいてつくられた。
  - ・第二次世界大戦後の1945年，（　③　）会議で採択された（　④　）にもとづき，国際連合が発足した。
  - ・国際連合の本部は，アメリカの（　⑤　）にある。
- (2) 次の説明にあてはまる，国際連合の主要機関の名称を答えよ。
- □ ①　全加盟国によって構成される国連の中心機関。
- □ ②　国際平和と安全の維持に関し，主要な責任を負う機関。
- □ ③　経済・社会・教育・人権などの国際問題について，調査・研究などを行い，総会や各専門機関などに勧告する機関。
- □ ④　国際紛争が生じた場合など，国際法にもとづき平和的な解決にあたる機関。
- □ ⑤　事務総長がトップに立ち，事務処理や運営を行う機関。

119 国際連合の主要機関

次の文の空欄にあてはまる語句・数字をあとのア〜セから選び，記号で答えよ。

- □ (1) 総会においては，1国に1票の投票権が与えられ，一般事項は（　①　），国連への加盟承認などの重要事項は（　②　）による多数決で議決される。
- □ (2) 安全保障理事会は，アメリカ，イギリス，フランス，（　③　），ロシアの5（　④　）と，任期2年の（　⑤　）10か国によって構成される。
- □ (3) 安全保障理事会の（　④　）は（　⑥　）をもっており，1か国でも賛成しない国があれば，議案は成立しないことになっている。
- □ (4) 安全保障理事会においては，手続事項は（　⑦　）理事国以上，重要事項は（　④　）を含む（　⑦　）理事国以上の多数決で議決される。
- □ (5) 専門機関やNGO〔（　⑧　）〕と連携しているのは，（　⑨　）である。
  - ア　常任理事国　　イ　非常任理事国　　ウ　事務局　　エ　経済社会理事会
  - オ　非政府組織　　カ　非営利組織　　キ　審査権　　ク　拒否権　　ケ　9
  - コ　過半数　　サ　3分の2以上　　シ　イタリア　　ス　中国　　セ　11

120 専門機関　◀テスト必出

次の各問いに答えよ。

(1) 次の説明にあてはまる国連専門機関を，正式名称で答えよ。

☐ ① 教育・文化などを通じて国際協力を維持し，国際平和の推進をはかる。

☐ ② 労働条件の改善や労働者の地位向上をはかることを目的とする。

☐ ③ 世界のすべての人々の健康の増進をはかることを目的とする。

☐ ④ 国際通貨や為替相場の安定を目的とする。

(2) 次の説明にあてはまる国際機関を，アルファベットの略称で答えよ。

☐ ① 発展途上国の児童への食糧・医薬品・医療などの援助を目的とする。

☐ ② 難民の国際的な保護・救済を目的とする。

☐ ③ 南北問題の解決のため，発展途上国の開発と貿易の促進を目的とする。

☐ ④ 原子力の平和的利用の促進を目的とする。

☐ ⑤ 多角的貿易の促進や貿易に関する問題の解決を目的とする。

標準問題 ●●●●●●●●●●●●●●●●●●●●●●●● 解答 ➡ 別冊*p.22*

☐ **121** ◀差がつく 国際連合に関する記述として正しいものを1つ選び，記号で答えよ。

ア 国際連合は，アメリカ大統領ウィルソンの提唱した「平和14か条」にもとづいてつくられた，国際平和を目的とする組織である。

イ 安全保障理事会は常任理事国5か国と任期2年の非常任理事国10か国で構成され，常任理事国であるアメリカや中国などには拒否権が認められている。

ウ 総会や安全保障理事会における議決は，原則として全会一致制をとっており，一国でも反対があれば意思決定ができないことになっている。

エ 侵略行為に対しては経済制裁などの非軍事的強制措置のみが認められており，軍事的強制措置は認められていない。また，その決定は加盟国に対して法的拘束力をもたない。

📖ガイド　イ．安全保障理事会には大国一致の原則がある。

☐ **122** 国連専門機関の名称とその目的が異なるものを1つ選び，記号で答えよ。

ア IMF ……国際的な金融協力や為替相場の安定化をはかる。

イ ILO ……世界のすべての人々の労働条件の向上をはかる。

ウ WHO……世界のすべての人々の健康維持をはかる。

エ IAEA ……南北問題の解決をはかる。

27 第二次世界大戦後の国際社会

◉ **東西対立から多極化へ**

① **冷戦**…米ソを中心とする東西二大陣営による対立状態。

〈西側陣営〉アメリカ中心の資本主義国

・**トルーマン・ドクトリン**(1947年)…社会主義勢力を封じ込める政策。

・**マーシャル・プラン**(1947年)…欧州復興援助計画→反共ブロック形成。

・**北大西洋条約機構(NATO)**(1949年)…西側の軍事同盟。

〈東側陣営〉ソ連中心の社会主義国

・**コミンフォルム**(共産党情報局)(1947～56年)…封じ込め政策に対抗。

・**経済相互援助会議(COMECON)**(1949～91年)…経済協力機構。

・**ワルシャワ条約機構(WTO)**(1955～91年)…東側の軍事同盟。

② **代理戦争**…朝鮮戦争(1950～53年),ベトナム戦争(1960～75年)など。

③ **デタント(緊張緩和)**…米ソ間の関係の安定をめざす動き。

・**平和共存**(1956年)…ソ連のフルシチョフ首相が提唱→冷戦雪どけ。

・**キューバ危機**(1962年)…核戦争の危機回避→米ソ間で**ホットライン**。

④ **多極化**…米ソの二極構造が崩れる傾向。

・**西側**…フランスがNATOの軍事機構から脱退。日本や西独の経済発展。

・**東側**…中ソ対立激化,東欧(チェコスロバキアなど)のソ連からの自立。

・**新冷戦の時代**…1979年のソ連のアフガニスタン侵攻により米ソ再対立。

◉ **第三世界の形成**

① **平和5原則**(1954年)…主権尊重,相互不可侵など(ネルー・周恩来会談)。

② **アジア・アフリカ会議(バンドン会議)**(1955年)…インドネシアのバンドンで,アジア・アフリカ29か国の参加により開催。平和10原則を採択。

③ **非同盟諸国首脳会議**(1961年)…東西両陣営からの自立と反植民地主義。

◉ **冷戦の終結**

① **ソ連の改革**…ゴルバチョフ共産党書記長が**ペレストロイカ**(改革),情報公開を実施し,外交も対米協調路線に転換。

② **ベルリンの壁崩壊**(1989年)…ドイツの東西対立の象徴が撤去。

③ **マルタ会談(米ソ首脳会談)**(1989年)…**冷戦の終結**→東西ドイツ統一(1990年)→旧ソ連11か国が**独立国家共同体(CIS)**創設,ソ連消滅(1991年)。

④ **冷戦終結後の国際社会**…湾岸戦争(1991年)。**アメリカ同時多発テロ**(2001年)。イラク戦争(2003年)→フセイン政権崩壊。

基本問題 ●●●●●●●●●●●●●●●●●●●●●●●●●●●●●●●●●●●●●● 解答 ➡ 別冊 *p.22*

123 冷戦 ❰テスト必出❱

できたらチェック○

次の各問いに答えよ。

(1) 次の説明にあてはまる語句をあとのア〜カから選び，それぞれ記号で答えよ。

☐ ① 1947年にアメリカが発表した，社会主義勢力を封じ込める政策。

☐ ② 西欧諸国の復興をはかり，経済面から反共ブロック形成を進めるため，アメリカが1948年から実施した欧州復興政策。

☐ ③ 1949年，アメリカを中心として西側陣営が結成した軍事同盟。

☐ ④ アメリカの封じ込め政策に対抗して，1947年に結成された東側の機関。

☐ ⑤ 1949年に東側陣営が結成した経済協力機構。

☐ ⑥ 1955年，ソ連を中心として東側陣営が結成した軍事同盟。

　　ア　ワルシャワ条約機構（WTO）　　イ　北大西洋条約機構（NATO）
　　ウ　コミンフォルム　　　　　　　　エ　COMECON
　　オ　マーシャル・プラン　　　　　　カ　トルーマン・ドクトリン

(2) 次の説明にあてはまる語句を答えよ。

☐ ① 1962年に起こった，アメリカとソ連の対立の激化によって核戦争の危機に直面したできごとを何というか。

☐ ② ①の後，米ソ首脳の間に設置されたものは何か。

☐ ③ ソ連のフルシチョフ首相が提唱した，社会主義国と資本主義国とはたがいに平和的に共存し，外交を行えるとする政策。

☐ ④ 1960年以降，アメリカとソ連の両国の緊張関係が緩んでいった状態を何というか。

☐ ⑤ フランスや中国の独自路線，日本・西ドイツなどの台頭により，二極構造が崩れる傾向を何というか。

124 第三世界の台頭と冷戦の終結 ❰テスト必出❱

次の各問いに答えよ。

(1) 次の説明にあてはまる語句を答えよ。

☐ ① 1955年にインドネシアで開かれたアジア・アフリカ会議で採択された原則。

☐ ② 米ソのいずれの勢力にも属さず，反植民地主義と平和共存をおし進めることを外交政策の基本方針とする国々。

☐ ③ 1989年，アメリカのブッシュ大統領とソ連のゴルバチョフ共産党書記長との間で開催された，冷戦の終結が宣言された会談。

□ (2)　次の文の空欄にあてはまる語句を答えよ。

・1954年，中国の周恩来首相と（　①　）のネルー首相は，国際平和のための（　②　）を共同声明として発表した。

・ソ連のゴルバチョフ書記長は，政治・経済・社会・文化などあらゆる面から改革していく必要性を強調し，（　③　）とよばれる改革を行った。

・1961年に東ドイツによってつくられた，東西の（　④　）を分ける（　④　）の壁は，1989年の東ドイツの国境開放により崩壊した。

・1991年，旧ソ連の11か国が（　⑤　）を創設したことから，ソ連は消滅した。

標準問題 ●●●●●●●●●●●●●●●●●●●●●●●●●●●●●●●●●●●●●●● 解答 ➡ 別冊 *p.23*

できたらチェック。

125　冷戦期の国際政治に関する次の文にあてはまる語句を，ア～カから選べ。

第二次世界大戦後，アメリカとソ連という超大国を軸に東西両陣営が形成された。1949年にはアメリカと西欧諸国は（　①　）を結成し，軍事的な結束を固め，これに対抗してソ連と東欧諸国も1955年に（　②　）を結成した。

一方，かつての植民地から独立したアジア・アフリカ諸国は，1955年のアジア・アフリカ会議（バンドン会議）で平和10原則を採択し，アメリカ，ソ連いずれの軍事同盟にも属さない立場をとる国々は，1961年にベオグラードで第1回（　③　）を開催した。

ア　欧州共同体　　　　　　イ　北大西洋条約機構　　　ウ　ワルシャワ条約機構

エ　経済相互援助会議　　　オ　全欧安保協力会議　　　カ　非同盟諸国首脳会議

126　**‹差がつく›** 第二次世界大戦後の国際政治上のできごとに関する記述として正しいものを1つ選び，記号で答えよ。

ア　アメリカは，ヨーロッパの復興と経済的自立を援助するため，トルーマン・ドクトリンを発表した。

イ　東西陣営どちらにも属さないアジア・アフリカ諸国による会議が，1950年代に開かれ，平和5原則を具体化し，反植民地主義や民族自決，平和共存などをめざす平和10原則が宣言された。

ウ　1960年代には，キューバにソ連製のミサイルが配備され「キューバ危機」が発生したが，両国首脳間のホットラインの設置により戦争は回避された。

エ　東西ドイツの統一を契機にドイツで始まったペレストロイカは，ソ連および東欧諸国に民主化・自由化をもたらし，その結果ソ連は消滅し，米ソ二極体制は終結した。

28 核兵器と軍縮問題

● 軍拡競争と反核運動

① **米ソの核兵器開発競争**…核兵器の均衡の上で戦争を回避(恐怖の均衡)。
   ・**核抑止論**…核兵器の優越によって,敵対国の先制攻撃を抑える。

② **反核運動の高まり**
   ・**原水爆禁止世界大会**…**第五福龍丸事件**(1954年)をきっかけに署名運動
     →原子・水素爆弾の禁止を求めて,第1回の世界大会が広島で開催。
   ・**パグウォッシュ会議**…世界の科学者による核兵器廃絶運動の中心的組織。
   ・**非核地帯**…核兵器の使用や配備を行わないように定めた地域。

③ **通常兵器に関する条約**
   ・**対人地雷全面禁止条約**(1997年)…対人地雷の使用・開発などを禁止。
   ・**クラスター爆弾禁止条約**(2008年)…クラスター爆弾の使用・製造を禁止。

● 軍縮への取り組み…国連軍縮特別総会などが開かれる。

条約名	調印年	署名国・おもな内容
部分的核実験禁止条約(PTBT)	1963	米ソ英。大気圏・宇宙空間・水中での核実験を禁止(地下核実験は除外)。
核拡散防止条約(NPT)	1968	米ソ中英仏ほか。核保有国による非核保有国への核兵器移転などを禁止。
第1次・第2次戦略兵器制限交渉(SALT)	1972, 79	米ソ。戦略核弾頭の運搬手段について保有数量の上限を制限。
中距離核戦力(INF)全廃条約	1987	米ソ。史上初の核軍縮条約。すべての中距離核戦力を廃棄。(2019年失効)
第1次・第2次戦略兵器削減条約(START)・新START	1991, 93, 2010	米ソ(ロ)。保有する戦略核弾頭とその運搬手段を削減。
包括的核実験禁止条約(CTBT)	1996	地下核実験を含むすべての核爆発実験を禁止。アメリカなどが批准せず。

基本問題 解答 ⇒ 別冊*p.23*

127 軍拡競争と反核運動
次の説明にあてはまる語句を答えよ。

☐ (1) 核兵器の優越によって敵対国の攻撃を未然に防ごうとする考え方。

☐ (2) 世界中の科学者による核兵器と戦争の廃絶を訴える運動の中心的組織。

128 軍縮などに関する条約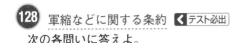

次の各問いに答えよ。

(1) 次の説明にあてはまる条約名をあとのア〜エから選び，それぞれ記号で答えよ。

□ ① 1963年に米英ソの間で調印された，大気圏，宇宙空間，水中における核兵器実験を禁止した条約。

□ ② 1968年に調印された，核兵器保有国による非保有国への核兵器引渡しや，核物質の軍事転用などを禁止した条約。

□ ③ 1996年に国連総会で採択された，地下核実験を含むすべての核兵器の爆発実験を禁止した条約。

　　ア　包括的核実験禁止条約(CTBT)　　イ　中距離核戦力(INF)全廃条約
　　ウ　部分的核実験禁止条約(PTBT)　　エ　核拡散防止条約(NPT)

□ (2) 次の文の空欄にあてはまる語句を答えよ。

・紛争地域を中心に埋設され，市民に対し無差別な被害を与える（　①　）の使用・開発などを禁止する対人（　①　）全面禁止条約が1997年に署名された。

・（　②　）の子爆弾に不発弾が多く，市民に被害をもたらすケースが多発していたことから，（　②　）禁止条約が2008年に署名された。

標準問題 .... 解答 ➡ 別冊*p.23*

129 軍縮に関して，次の各問いに答えよ。

□ (1) 次のうち，核保有国を1つ選び，記号で答えよ。
　　ア　フランス　　イ　ドイツ　　ウ　イタリア　　エ　カナダ

□ (2) 次の軍縮に関する条約などを調印された順に並べかえて，記号で答えよ。
　　ア　核拡散防止条約　　　　　イ　INF全廃条約
　　ウ　部分的核実験禁止条約　　エ　SALT I

□ (3) 軍縮に関する記述として適切でないものを次から1つ選び，記号で答えよ。
　　ア　国連総会で採択されたCTBTでは，核爆発を伴うすべての核実験を禁止している。
　　イ　米ソが核兵器の削減に初めて合意した条約は，START I である。
　　ウ　英米ソ間で締結されたPTBTでは，地下核実験は禁止の対象から除外されている。
　　エ　国連総会で採択されたNPTは，1995年に無期限延長が決定した。

📖ガイド　(2) SALT は戦略兵器制限交渉の略称である。

29 人種・民族問題

▶ **民族と国家**

① 民族…歴史や言語，習慣，宗教など共通の文化をもつ基礎的集団→国家と民族間の関係，民族間の複雑な関係が武力紛争に発展→**民族紛争**。

② **多民族国家**…複数の民族によって構成される国家。

▶ **民族紛争**

① **中東・アフリカのおもな紛争**

・**パレスチナ問題**…イスラエル建国で土地を追われたパレスチナ人(アラブ人)とユダヤ人が対立。中東戦争にまで発展した。1993年，**パレスチナ暫定自治協定(オスロ合意)**が結ばれたが，紛争はいまだに解決していない。

・**クルド人問題**…トルコ，シリア，イラクなどに分断された民族の独立運動。

・**ルワンダ内戦**…ツチ族とフツ族の対立→大量の難民発生。

② **ヨーロッパのおもな紛争**

・**旧ユーゴスラビア紛争**…ボスニア・ヘルツェゴビナ紛争，コソボ紛争など。

・**チェチェン紛争**…ロシアからの独立をめざす→テロも発生。

③ **アジアのおもな紛争**

・**カシミール紛争**…インドとパキスタンが領有を主張→核開発競争起こる。

・**チベット独立運動**…中国支配からの独立をめざす。

▶ **人種問題**

① **アメリカの黒人差別**…黒人による公民権獲得運動，キング牧師の演説。

② **アパルトヘイト**…南アフリカ共和国の人種隔離政策。1991年に廃止を宣言。

③ **人種差別撤廃条約**…人種などのあらゆる差別を撤廃。

▶ **難民問題**

① **難民の地位に関する条約(難民条約)** (1951年)…難民の保護・救済を目的。

② **国連難民高等弁務官事務所(UNHCR)**…難民の国際的保護・援助を行う。

基本問題 ●●●●●●●●●●●●●●●●●●●●●●●●●●●●●●●●●●●●●●● 解答 ➡ 別冊*p.24*

130 民族紛争 ◀テスト必出

できたらチェック○

次の各問いに答えよ。

(1) 次の説明にあてはまる民族紛争名を答えよ。

□ ① イスラエルの建国で，土地を追われたアラブ人とユダヤ人との紛争。

　□　②　ツチ族とフツ族の対立により，大量の難民を発生させた紛争。

　(2)　次の説明にあてはまる語句を答えよ。

□　①　トルコ，シリア，イラクなどに分断されたため，独立運動を展開している民族を何というか。

□　②　チェチェン人は，どこの国からの独立をめざして運動を続けていたか。

□　③　インドとパキスタンがその領有を主張して紛争が絶えない地域を何地方というか。

□　④　ボスニア・ヘルツェゴビナ紛争，コソボ紛争などをまとめて何紛争というか。

131 人種・難民問題　◀テスト必出

次の各問いに答えよ。

□　(1)　南アフリカ共和国でかつてとられていた人種隔離政策を何というか。

□　(2)　1951年に国連で採択された，迫害を受けたり，その恐れがあったりして他国に逃れた人の地位に関して定めた条約を何というか。

□　(3)　難民に対して国際的な保護や，自発的帰国や第三国定住の支援などを行う国連の機関をアルファベットで何というか。

標準問題 ⋯⋯⋯⋯⋯⋯⋯⋯⋯⋯⋯⋯⋯⋯⋯⋯⋯ 解答 ➡ 別冊*p.24*

できたらチェック

132　民族紛争・地域紛争に関する記述として正しいものを2つ選び，記号で答えよ。

ア　第1次中東戦争は，イスラエルの建国に反対してアラブ側がイスラエルに対して攻撃したことにより始まったが，アラブ側の敗北に終わり，多数のパレスチナ難民が発生した。

イ　チェチェン共和国がトルコからの独立を求めて起こった二度の紛争は終結したが，いまだにテロ事件が発生するなど予断を許さない状況が続いている。

ウ　クルド人は，トルコやイラン，イラク，シリアなどの国境山岳地帯に古くから居住する民族であり，複数の国に引き裂かれたことから，分離・独立を求めて闘争を続けている。

エ　南アフリカ共和国では，人種隔離政策が撤廃（てっぱい）されたが，その後も白人の政権が続き，人種間の紛争が激化している。

📖ガイド　エ. 第1次中東戦争は，パレスチナ問題をめぐって起こった戦争。

30 日本の外交と領土問題

○ **国際社会への復帰**

① **サンフランシスコ平和条約**(1951年)…独立国としての地位を回復。同時に**日米安全保障条約**を締結し，アメリカ軍の日本駐留を認める。

② **外交三原則**…国連中心主義，自由主義諸国との協調，アジアの一員としての立場の堅持の三原則。1957年に表明。

③ **日本への返還**…1968年に小笠原諸島，1972年に沖縄がアメリカから返還。

○ **近隣各国との外交**

① **ソ連**…**日ソ共同宣言**(1956年)で国交回復→国際連合への加盟が実現。

② **中国**…**日中共同声明**(1972年)で国交回復→**日中平和友好条約**(1978年)。

③ **韓国**…**日韓基本条約**(1965年)で国交回復。植民地支配や第二次世界大戦に関する賠償問題は，日本が経済協力の形で資金を提供することで決着。

○ **日本の役割**

① **人間の安全保障**…生存・生活・尊厳に対する脅威から人々を守り，一人ひとりの自由や可能性を実現しようとする考え方。日本外交の柱の１つ。

② **被爆国としての役割**…広島・長崎の被爆体験から，**非核三原則**を掲げる。

○ **北朝鮮との問題**

① **日朝首脳会談**(2002年)…小泉首相が平壌で金正日総書記と会談→2004年にかけて，一部の拉致被害者とその家族の帰国・来日が実現。

② **6か国協議**…2003年から北朝鮮の核開発問題をめぐり，不定期に開催されている会合。北朝鮮，日本，アメリカ，中国，韓国，ロシアが参加。

○ **日本の領土問題**

① **尖閣諸島問題**…中国と台湾が領有権を主張。

② **竹島問題**…韓国が自国の領海内に竹島を設定し，不法占拠を続けている。

③ **北方領土問題**…ロシアが北方領土を不法占拠している。

基本問題 ●●　解答 ➡ 別冊*p.24*

133 日本の外交と役割

次の文の空欄にあてはまる語句・国名を答えよ。

□ (1) 日本は1951年調印の（　①　）条約によって，独立国としての地位を回復したが，同時に（　②　）条約を締結し，アメリカ軍の日本駐留を認めた。

□ (2)　1957年に表明した外交三原則とは，（　③　）中心主義，自由主義諸国との
協調，アジアの一員としての立場の堅持の3つの原則をいう。

□ (3)　2003年から北朝鮮の核開発問題をめぐり（　④　）が不定期に開催されてお
り，北朝鮮，日本，アメリカ，中国，韓国，（　⑤　）の6か国が参加している。

□ (4)　日本は平和主義を原則とする憲法をもち，かつ「ヒロシマ」「ナガサキ」と
いう，唯一の（　⑥　）体験をもつ国家である。

□ (5)　日本政府は，国民の根強い平和への世論を反映して，（　⑦　）を歴代の政策
として受けついでいる。

134 近隣各国との外交，領土問題 **テスト必出**
次の各問いに答えよ。

(1)　日本の領土問題に関して，次の各問いに答えなさい。

□　①　日本固有の領土であるが，韓国が不法占拠している島を何というか。

□　②　日本固有の領土であるが，近年中国や台湾が領有権を主張している島を何
というか。

□　③　現在，ロシアが不法占拠している北方領土4島をすべて答えよ。

□ (2)　次のできごとを年代の古いものから並べかえて，記号で答えよ。

　　ア　日朝首脳会談の開催　　イ　日中平和友好条約の調印
　　ウ　日ソ共同宣言の調印　　エ　日韓基本条約の調印

標準問題 ••••••••••••••••••••••••••••••••••• 解答 ⇒ 別冊*p.25*

できたら
チェック

135 **差がつく** 日本の外交などに関する記述として正しいものを1つ選び，記
号で答えよ。

　ア　1951年に調印されたサンフランシスコ平和条約により，日本は独立を回復
し，同時に国際連合への加盟も実現した。

　イ　日本海に位置する尖閣諸島を不法占拠している韓国に対し，日本は抗議を続
けている。

　ウ　1956年調印の日ソ共同宣言では，択捉島と国後島は平和条約締結後に日本
に返還されることになっているが，未だに平和条約は結ばれていない。

　エ　日本と中国との関係は，1972年に田中角栄首相が日中共同声明に署名して，
正常化した。

📖 ガイド　ア．サンフランシスコ平和条約と同時に日米安全保障条約を締結。

31 国際経済のしくみ

国際分業と貿易

① **国際分業**…国と国との間で，商品生産を分担し合うこと。先進国間の**水平的分業**と，先進国と発展途上国間の**垂直的分業**に分けられる。

② **自由貿易**…輸出入について，国が制限を加えたり保護したりせず，自由に行われる貿易→リカードは，比較生産費説をもとに自由貿易論を主張。
　・**比較生産費説**…各国それぞれが相対的に安く生産できる商品に**特化**して生産・輸出し，その他の商品を他国から輸入した方が双方の利益になる。

③ **保護貿易**…関税などによって輸入制限を行い，国が国内産業を保護する貿易→リストは，発展途上国では保護貿易政策が必要と主張。

④ **国際分業の実態**…多国籍企業が増え，直接投資が増大。**産業の空洞化**。

為替のしくみ

① **為替レート(為替相場)**…自国通貨と他国通貨の交換比率。

② **外国為替市場**…自国通貨と他国通貨が交換される市場。

③ **円高と円安**
　・**円高**…1ドル＝150円から1ドル＝100円になる→円の価値が上昇。

輸出品価格上昇→輸出産業に不利	→輸出減・輸入増→貿易収支赤字化
輸入品価格下落→輸入産業に有利	

　・**円安**…1ドル＝150円から1ドル＝200円になる→円の価値が下落。

輸出品価格下落→輸出産業に有利	→輸出増・輸入減→貿易収支黒字化
輸入品価格上昇→輸入産業に不利	

国際収支…一国の一定期間内の対外支払額と受取額を集計したもの。

① **国際収支の分類**…経常収支と金融収支，資本移転等収支の3本立て。

項　目		内　容
経常収支 貿易・サービス収支	貿易収支	商品の輸出入の収支
	サービス収支	輸送・旅行・通信・保険などの取引の収支
第一次所得収支		雇用者報酬・投資収益などの収支
第二次所得収支		国際機関への拠出金など対価を伴わない収支
金融収支		直接投資，証券投資，海外貸付などの収支
資本移転等収支		社会資本への無償資金援助などの収支

② **日本の国際収支**…貿易収支，第一次所得収支は黒字の傾向。

基本問題 ●● 解答 ➡ 別冊*p.25*

136 国際分業と貿易 ◀テスト必出

できたら
チェック

次の各問いに答えよ。

(1) 次の説明にあてはまる語句を答えよ。

□ ① 国と国との間で，商品の生産を分担し合うこと。

□ ② ①のうち，先進国間で行われる，製造業品を相互に輸出入し合う分業。

□ ③ 国が輸出入について，関税などによる輸入制限を加えたり，特定の産業を保護したりせず，自由に行われる貿易。

□ ④ 貿易相手国に対して関税などによって輸入制限を行い，国が国内産業を保護する貿易。

□ ⑤ 各国それぞれが相対的に安く生産できる商品に特化して生産・輸出し，その他の商品を他国から輸入した方が双方の利益になるとする考え方。

(2) 次の説明にあてはまる人物名を答えよ。

□ ① ドイツのような後進資本国では保護政策が必要であるとして，保護貿易論を主張した。

□ ② 比較生産費説をもとにして，国による貿易への介入を否定する自由貿易論をとなえた。

137 為替のしくみ ◀テスト必出

次の各問いに答えよ。

(1) 次の説明にあてはまる語句を答えよ。

□ ① 自国通貨と他国通貨の交換比率。

□ ② 自国の通貨と他国の通貨が交換される市場。

□ ③ 1ドル＝120円から1ドル＝100円になるように，円の対外的価値が上昇すること。

□ ④ 1ドル＝100円から1ドル＝120円になるように，円の対外的価値が下落すること。

□ ⑤ 一国の一定期間における対外的な経済取引によって生ずる，外国からの受取り(収入)と外国への支払い(支出)の金額を集計したもの。

□ (2) 次の文は，円高に関する記述である。空欄にあてはまる語句をあとのア～エから選び，それぞれ記号で答えよ。

円高になると，外国での日本製品の価格が(①)なるため，日本からの輸出数量は(②)する。

ア 高く イ 低く ウ 増加 エ 減少

138 国際収支

次の各問いに答えよ。

□(1)　次の文は，国際収支についてまとめたものである。空欄にあてはまる語句を
あとのア～カから選び，それぞれ記号で答えよ。

・国際収支は，財・サービスなどの対外取引に関する（　①　）と，国際間の資
金の貸し借りを示す（　②　），資本移転等収支に大きく分かれる。

・（　①　）は，貿易・サービス収支のほか，利子・配当といった投資収益であ
る（　③　）や，国際機関への拠出金などの（　④　）に分類される。

・（　②　）は，従来の直接投資や証券投資などの（　⑤　）と，外貨準備の増減
を統合して新設されたものである。

　　ア　金融収支　　　イ　第一次所得収支　　　ウ　その他資本収支

　　エ　投資収支　　　オ　経常収支　　　　　　カ　第二次所得収支

□(2)　日本の国際収支について，第一次所得収支は黒字，赤字のうち，どちらの状
況が続いているか。

できたら
チェック

標準問題 ●● 解答 ➡ 別冊*p.25*

□ **139** ◀差がつく▶ 円高に関する記述として正しいものを1つ選び，記号で答えよ。

　　ア　円高が進むと，日本の輸出産業の国際競争力は強まる。

　　イ　円高が進むと，輸入品の価格が上昇し，インフレーションの可能性が高まる。

　　ウ　円高が進むと，日本の貿易収支は黒字の方向に向かう。

　　エ　日本国内の金利が，アメリカの金利より高い場合，円高が進行する。

□ **140** 経常収支の項目とその内容に関する記述の組合せとして適切でないものを
1つ選び，記号で答えよ。

　　ア　貿易収支──ドイツで出版されている医学書を，日本に住んでいる医学生が
インターネット取引を利用して購入する。

　　イ　サービス収支──日本からの旅行客が，ハワイのレストランで食事をする。

　　ウ　第一次所得収支──日本企業のヨーロッパ工場から，日本の企業に配当が支
払われた。

　　エ　第二次所得収支──日本政府がODA（政府開発援助）により，インドネシア
へのダム建設費の無償資金援助を行う。

📖 **ガイド**　2014年から国際収支統計が見直され，統計の項目が変更になったことに注意しよう。

32 戦後の国際経済体制

● 国際経済体制の流れ

① **1930年代**…世界恐慌後，世界経済は保護貿易主義を採用し，ブロック経済化→第二次世界大戦の原因の１つとなる。

② **第二次世界大戦後**…IMF(国際通貨基金)とGATT(関税と貿易に関する一般協定)の設立→**IMF・GATT体制**。

・**IMF(国際通貨基金)**…**ブレトン・ウッズ協定**にもとづいて設立。国際収支赤字国への短期資金の融資など。

・**国際復興開発銀行(IBRD，世界銀行)**…**ブレトン・ウッズ協定**にもとづいて設立。発展途上国への長期資金の融資。

・**固定為替相場制**…アメリカ・ドルを**基軸通貨**として，各国通貨の価値基準(平価)を決定→日本は1971年まで**１ドル＝360円**に固定。

● 固定為替相場制から変動為替相場制へ

① **ドル危機**(1960年代以降)…対外援助やベトナム戦争による軍事費増加などにより，アメリカの国際収支赤字が拡大→金が流出し，ドルの価値低下。

② **ニクソン・ショック**(1971年)…ニクソン大統領が金とドルとの交換停止を発表→IMF・GATT体制の事実上の崩壊。

③ **スミソニアン協定**(1971年)…ドルの切り下げにより，固定為替相場制への復帰をはかる(日本は**１ドル＝308円**に切り上げ)→1973年，主要国は**変動為替相場制**に移行。

④ **キングストン合意**(1976年)…変動為替相場制が正式に承認。

● 国際貿易体制の展開

① **GATT(関税と貿易に関する一般協定)**(1947年)…貿易の拡大による世界経済の発展を基本理念とする多国間協定。輸入制限撤廃による**自由**，最恵国待遇など**無差別**，多国間貿易交渉(ラウンド)による**多角主義**の三原則。

② **多角的貿易交渉(ラウンド)**…ケネディ・ラウンド(1964〜67年)，東京ラウンド(1973〜79年)，ウルグアイ・ラウンド(1986〜94年)など。

・**ウルグアイ・ラウンド**…農産物の例外なき関税化，著作権など知的財産権(知的所有権)のルールづくり，WTOへの発展的解消を決定。

③ **WTO(世界貿易機関)**(1995年)…世界貿易推進と貿易に関する紛争解決が目的。貿易制限の例外事項として**セーフガード**(関税や輸入数量制限)など。

・**ドーハ・ラウンド**…2001年から開始。2011年に包括合意を断念。

基本問題 •• 解答 ➡ 別冊 *p.26*

141 戦後の国際経済体制 ◀ テスト必出

次の各問いに答えよ。

(1) 次の各問いに答えよ。

□ ① 第二次世界大戦後に設けられ，戦後の国際経済体制の基礎となった体制は何とよばれているか。

□ ② 第二次世界大戦後に導入された，アメリカ・ドルを基軸通貨(きじく)として各国通貨の価値基準が決められる制度を何というか。

□ ③ ②の制度のもとで，日本は1971年まで1ドル＝何円に固定されたか。

(2) 次の説明にあてはまる語句を，アルファベットで答えよ。

□ ① 為替レート(為替相場)(かわせ)の安定と貿易拡大を目的として設立され，近年は国際収支赤字国への短期資金の融資を中心業務とする国連の専門機関。

□ ② 戦災国の復興，発展途上国の開発を目的として設立され，近年は発展途上国への長期資金の融資を中心業務とする国連の専門機関。

□ ③ 1947年に発効した，貿易の拡大による世界経済の発展を基本理念とする「関税と貿易に関する一般協定」の略称。

□ ④ ③を発展的に解消する形で，1995年に発足した貿易について総合的に扱う国際機関。

□ **142** 為替相場制度の変遷 ◀ テスト必出

次の表は為替相場制度の変遷についてまとめたものである。空欄にあてはまる語句・数字をあとのア〜コから選び，それぞれ記号で答えよ。

1960年代以降	(①)	アメリカの国際収支赤字が拡大して，金が流出し，ドルの価値が低下。
1971年8月	(②)・ショック	アメリカの(②)大統領が，金(きん)とドルとの交換停止を発表。
1971年12月	(③)協定	ドルの切り下げにより，固定為替相場制への復帰をはかる。日本の円は，それまでの1ドル＝(④)円から(⑤)円へと切り上げ。
1976年	(⑥)合意	変動為替相場制が正式に承認。

ア　キングストン　　イ　石油危機　　ウ　ニクソン
エ　スミソニアン　　オ　ドル危機　　カ　ケネディ
キ　240　　ク　280　　ケ　308　　コ　360

143 国際貿易体制の展開　◀ テスト必出

GATTとWTOについて，次の各問いに答えよ。

☐ (1)　GATTの三原則の1つである「無差別」に関するもので，加盟1か国に与えた有利な貿易条件は全加盟国に平等に適用させるとする原則を何というか。

☐ (2)　関税の自由化や輸入制限措置の撤廃などについて多角的に交渉するために，GATTが提供した交渉の場を何というか。カタカナで答えよ。

☐ (3)　(2)のうち，1986～94年にかけて行われ，農産物の例外なき関税化などが課題とされたものを何というか。

☐ (4)　ある輸入品の急増が国内産業に重大な損害を与える恐れがある場合，一時的に関税や輸入数量の制限をすることが認められているが，この制度を何というか。カタカナで答えよ。

標準問題 ●●● 解答 ➡ 別冊*p.26*

144　◀ 差がつく　次の文を読んで，各問いに答えよ。

　国際経済においては，第二次世界大戦終了前の1944年に（　①　）協定が結ばれ，自由貿易の再建がめざされた。この協定にもとづき，（　②　）とa IBRD（国際復興開発銀行）が設立され，さらに1947年には自由貿易を推進するため，b GATTが結ばれた。GATTは多角的貿易交渉などにより世界貿易の拡大に大きな役割を果たしてきたが，1995年に発展的に解消され，（　③　）となった。

[できたらチェック○]

☐ (1)　文中の空欄にあてはまる語句を答えよ。

☐ (2)　下線部aについて，IBRDの目的として正しいものを次から1つ選び，記号で答えよ。

　　ア　国際収支赤字国に対し，資金面から支援すること。

　　イ　為替の安定と自由化をはかり，自由貿易を支払い面から支援すること。

　　ウ　発展途上国の経済開発を資金面から支援すること。

　　エ　為替取引制限の撤廃を促進させること。

☐ (3)　下線部bについて，GATTの正式名称を何というか答えよ。

☐ (4)　戦後の国際通貨制度と日本に関する記述として正しいものを次から1つ選び，記号で答えよ。

　　ア　戦後直後の日本円のドルとの価値基準は，1ドル＝308円に設定された。

　　イ　1971年のキングストン合意で，日本は固定為替相場制を維持した。

　　ウ　日本の円が変動為替相場制に移行したのは，1980年のことである。

　　エ　1985年のプラザ合意の後，円ドル為替レートは円高の方向に動いた。

33 経済のグローバル化

◆ **ヨーロッパの地域的経済統合**
① **EC（欧州共同体）**（1967年）…イタリア，フランス，西ドイツ，ベルギー，オランダ，ルクセンブルクの6か国で発足。1992年に市場統合を完成。
② **EU（欧州連合）**（1993年）…**マーストリヒト条約**（欧州連合条約）によりECから改組。27か国が加盟（2021年9月現在）。2009年にEU大統領の創設などを盛り込んだ**リスボン条約**が発効。2020年，イギリスはEUを離脱した。
③ **ユーロ**（1999年）…共通の単一通貨。2002年から流通開始。参加国はスウェーデン，デンマークなどを除く19か国（2021年9月現在）。

◆ **アメリカの地域的経済統合**
① **北米自由貿易協定（NAFTA）**（1994年）…アメリカ，カナダ，メキシコの域内貿易・投資の自由化を促進。2020年，**USMCA**（米国・メキシコ・カナダ協定）に移行。
② **南米南部共同市場（MERCOSUR）**（1995年）…南アメリカにおける，地域関税の原則撤廃と域外共通関税の実施を推進。

◆ **アジア・太平洋地域の地域的経済統合**
① **ASEAN（東南アジア諸国連合）**（1967年）…東南アジア地域における経済・社会・政治分野での協力を促進。10か国が加盟。**AFTA（ASEAN自由貿易地域）**とよばれる自由貿易圏形成。「**ASEAN＋3**（日本，中国，韓国）」。
② **APEC（アジア太平洋経済協力）**（1989年）…アジア・太平洋地域における貿易・投資の自由化や経済・技術協力を推進。21の国・地域が参加。

◆ **自由貿易協定**
① **FTA（自由貿易協定）**…関税の撤廃など域内貿易の自由化をめざす協定。
② **EPA（経済連携協定）**…人の移動や投資などを含む包括的な協定。
③ **TPP（環太平洋経済連携協定）**…自由貿易圏の構築をめざす。

基本問題 ••••••••••••••••••••••••••••••••••••••• 解答 ➡ 別冊 p.27

145 地域的経済統合 ◀テスト必出

でき たら チェック

次の各問いに答えよ。

(1) EU（欧州連合）に関する次の各問いに答えよ。

□ ① EUの前身として，1967年に発足した組織を何というか。

- □ ② EUは何という条約にもとづいて発足したか。
- □ ③ 2009年に発効し，EU大統領などの職が創設されたEUの新基本条約を何というか。
- □ ④ EUに加盟していない国を次から1つ選び，記号で答えよ。

  ア スイス　イ スロバキア　ウ ポーランド　エ ハンガリー

- □ (2) 次の地域的経済統合組織の正式名称を答えよ。また，その組織について説明している文をあとのア〜エから選び，それぞれ記号で答えよ。

  ① APEC　② ASEAN　③ MERCOSUR　④ USMCA

  ア 北アメリカ域内での自由貿易などを目的に発効。2020年に，NAFTAより移行。

  イ 東南アジアでの地域協力を目的に結成。

  ウ アジア・太平洋地域の貿易自由化と経済発展をめざして結成。

  エ 南アメリカでの域内関税の原則撤廃と域外の共通関税の実施を目的に結成。

146 貿易に関する協定　◀テスト必出▶

次の貿易に関する協定の通称名を答えよ。

- □ (1) 経済連携協定　□ (2) 自由貿易協定　□ (3) 環太平洋経済連携協定

標準問題 •• 解答 ➡ 別冊 *p.27*

147 次のEU加盟国(2021年現在)のうち，ユーロを導入していない国を1つ選び，記号で答えよ。

ア アイルランド　イ デンマーク　ウ スペイン　エ ベルギー

148 ◀差がつく▶ 地域的経済統合などに関する記述として正しいものを1つ選び，記号で答えよ。

ア EUは1993年のヴェルサイユ条約により，イタリア，フランス，西ドイツ，などの計6か国間において，ECから改組して発足した。

イ MERCOSURは，関税撤廃と資本・サービスの移動自由化を掲げて南米4か国により発足した地域的経済統合である。

ウ APECには東南アジアの10か国が加盟しており，2002年には先行6か国でAFTAが開始された。

エ 世界的には経済連携協定の締結が進んでいるが，日本はまだ締結していない。

34 南北問題と国際協調

◉ 南北問題

① **南北問題**…南の発展途上国と北の先進工業国との間における経済格差。**一次産品**に依存する**モノカルチャー経済**などがその背景。**累積債務**の問題。

② **OECD**（**経済協力開発機構**）(1961年)…先進諸国が設立した機関で，下部組織の**DAC**（**開発援助委員会**）を通じ発展途上国に対する経済協力推進。

③ **国連貿易開発会議**（**UNCTAD**）(1964年)…南北問題に対処。

④ **プレビッシュ報告**(1964年)…第1回 UNCTAD の初代事務局長による報告。一次産品の価格安定，特恵関税の導入など，援助よりも貿易を重視。

⑤ **新国際経済秩序**（**NIEO**）樹立宣言(1974年)…国連資源特別総会で採択→資源に対する恒久主権確立（**資源ナショナリズム**）の動き。

⑥ **国連開発計画**（**UNDP**）…**人間開発指数**（HDI）→**絶対的貧困層**への直接援助。

◉ 発展途上国の現状

① **南南問題**…発展途上国間における経済などの面での格差。

② **NIES**（**新興工業経済地域**）…急速に工業化が進展した国・地域。
　　例 アジア NIES（香港，シンガポール，台湾，韓国）

③ **後発発展途上国**（**LDC**）…国連によって指定され，絶対的貧困にあえぐ。

④ **人口問題**…人口爆発→**国連人口基金**（UNFPA）が途上国を援助。

⑤ **食料問題**…飢餓撲滅のために**国連食糧農業機関**（FAO）が活動。

◉ 国際協調

① **主要国首脳会議**（**サミット**）…石油危機後の1975年に初開催。

② **G20サミット**…世界金融危機の打開策を協議。2008年に初開催。**BRICS**（ブラジル，ロシア，インド，中国，南アフリカ）など新興国が参加。

③ **ODA**（**政府開発援助**）…先進国による発展途上国への政府レベルでの経済援助。発展途上国の経済開発や福祉の向上を目的として資金援助や技術提供。

④ **持続可能な開発目標**（**SDGs**）…2015年の国連サミットで採択。

基本問題 •••
解答 ⇒ 別冊 *p.28*

149 発展途上国問題 ❮テスト必出❯

次の各問いに答えよ。

(1) 次の説明にあてはまる語句を答えよ。

□　① 発展途上国と先進工業国との間における経済格差に関する問題。

- ☐　②　発展途上国間における経済などの面での格差。
- ☐　③　発展途上国に多くみられる，付加価値が低く価格変動が大きい農産物や鉱産物などの一次産品に依存する経済。
- ☐　④　1974年に開催された国連資源特別総会で採択された宣言。
- ☐　⑤　発展途上国のうち，国連によって指定され，絶対的貧困にあえぐ国々。
- 　(2)　次の説明にあてはまる機関をあとのア〜エから選び，それぞれ記号で答えよ。
- ☐　①　加盟各国の経済発展と貿易の拡大，発展途上国への援助の促進を目的として，先進国が1961年に設立した機関。
- ☐　②　1964年に設立され，発展途上国の経済開発と貿易促進を目的とする機関。
　　ア　DAC　　イ　UNCTAD　　ウ　UNDP　　エ　OECD

150 国際協調　◀テスト必出▶
　次の説明にあてはまる語句を答えよ。
- ☐ (1)　石油危機後の世界経済の立て直しのため，1975年に初開催された首脳会議。
- ☐ (2)　世界金融危機の打開策を協議するため，2008年に初開催された首脳会合。
- ☐ (3)　先進国による発展途上国への政府レベルでの経済援助。

できたらチェック☑

標準問題 ••• 解答 ➡ 別冊*p.28*

- ☐ **151** ◀差がつく▶　南北問題に関する記述として適切でないものを1つ選び，記号で答えよ。
　ア　発展途上国の経済発展を困難にしている原因の1つとして，一次産品のみを生産するモノカルチャー経済があげられる。
　イ　1964年に第1回目のUNCTADが開催され，「貿易より援助を」をスローガンとするプレビッシュ報告が提出された。
　ウ　1974年には，資源ナショナリズムの動きに代表される発展途上国の発言力の高まりを背景に国連資源特別総会が開催され，NIEO樹立宣言が採択された。
　エ　先進国はOECD内にDACを設置し世界規模でODAの充実をはかっている。

- ☐ **152**　2015年の国連サミットで採択された，2030年までに達成すべき17項目の国際目標の略称を1つ選び，記号で答えよ。
　ア　NIEO　　イ　HDI　　ウ　SDGs　　エ　MDGs
　📖ガイド　「持続可能な開発目標」ともいう。

35 地球環境問題

◉ **地球環境問題**

① **地球温暖化**…温室効果ガスが増加し，地球の平均気温が上昇する現象。
〈影響〉海水面上昇，洪水や干ばつなどの異常気象，生態系の変化など。
〈対策〉**気候変動枠組み条約**第3回締約国会議にもとづく**京都議定書**の採択。
先進国の温室効果ガスの削減目標達成のため，**京都メカニズム**を導入。

② **オゾン層の破壊**…フロンガスによって成層圏にあるオゾン層が破壊され，
生物に有害な**紫外線**の地上へ到達する量が増加する現象。
〈影響〉皮膚がんや白内障の増加など。
〈対策〉**モントリオール議定書**の改定による特定フロンの全廃。

③ **酸性雨**…自動車の排気ガスや工場の排煙に含まれる**硫黄酸化物(SOx)**や
窒素酸化物(NOx)が大気中で化学反応を起こし，酸性度の高い雨が降る。
〈影響〉魚類の死滅，森林の枯死，歴史的遺跡の腐食など。
〈対策〉**長距離越境大気汚染防止条約**により，国境をこえた被害に対処。

④ **砂漠化**…乾燥・半乾燥地域を中心に，土地が劣化し，植生がなくなる現象。
地力の限界をこえた過放牧や過耕作，森林伐採，塩害などが原因。

⑤ **森林破壊**…耕地・放牧地への転用，焼畑の拡大，商業用伐採などが原因。

◉ **国際的な取り組みと課題**

① **地球環境保護のための条約**
・**ワシントン条約**…絶滅の危機にある野生動植物の国際取引を規制する条約。
・**ラムサール条約**…水鳥の生息地である湿地を保全するための条約。
・**世界遺産条約**…世界的に重要な自然遺産，文化遺産などを保護するための条約。ユネスコ(国連教育科学文化機関)総会で採択。
・**バーゼル条約**…有害廃棄物の国際移動や処分を規制。
・**パリ協定**…2020年以降の地球温暖化対策の国際的枠組みを定める。

② **地球環境保護のための国際会議**
・**国連人間環境会議**…1972年にスウェーデンのストックホルムで開催。
「かけがえのない地球」をスローガンとし，人間環境宣言を採択。
・**国連環境開発会議(地球サミット)**…1992年にブラジルのリオデジャネイロで開催。「持続可能な開発」が理念。環境と開発に関するリオ宣言やアジェンダ21，生物の多様性条約などを採択。

③ **環境倫理**…自然と人間の関係についての問い。

基本問題 ‥‥‥‥‥‥‥‥‥‥‥‥‥‥‥‥‥‥‥‥‥ 解答 ⇒ 別冊*p.28*

153 地球環境問題 ◀テスト必出

☑できたらチェック。

次の文は，地球環境問題についてまとめたものである。空欄にあてはまる語句・数字を答えよ。

☐ (1) おもに化石燃料の燃焼によって発生する二酸化炭素などの（　①　）ガスが増加し，地球の平均気温が上昇する環境問題を（　②　）という。

☐ (2) （　②　）防止のため，1997年に開催された（　③　）条約第3回締約国会議（COP3）において（　④　）が採択された。

☐ (3) オゾン層の破壊とは，（　⑤　）圏内にあるオゾン層が（　⑥　）によって破壊されることにより，生物に有害な（　⑦　）の地上に到達する量が増加することをいう。（　⑧　）議定書の改定により，（　⑥　）の全廃が決定された。

☐ (4) 酸性雨とは，工場の排煙や自動車の排気ガスなどに含まれている（　⑨　）（SOx）や（　⑩　）（NOx）が大気中で化学反応を起こし，酸性度の高い雨となって降下する現象をいう。

154 地球環境保護のための条約

次の説明にあてはまる条約の通称名を答えよ。

☐ (1) 世界的に重要な自然遺産・文化遺産などを保護することを目的とする条約。

☐ (2) 国際的に重要な湖や沼などの湿地を保全することにより，そこに生息，生育する動植物を保護することを目的とする条約。

☐ (3) 国際取引を規制することにより，絶滅のおそれのある野生動植物の種の保護をはかることを目的とする条約。

☐ (4) 有害廃棄物の国境を越える移動とその処分を規制するための条約。

☐ (5) 2015年の気候変動枠組み条約第21回締約国会議（COP21）で採択された，2020年以降の地球温暖化対策の国際的枠組みを定めた協定。

☐ **155** 地球環境保護のための国際会議 ◀テスト必出

次の表は，環境保護のための国際会議についてまとめたものである。空欄にあてはまる語句を答えよ。

（　①　）会議	1972年にスウェーデンの（　②　）で開催。「（　③　）」をスローガンとし，人間環境宣言が発表された。
（　④　）会議	1992年にブラジルの（　⑤　）で開催。「（　⑥　）」を基本理念とし，行動計画である（　⑦　）などが採択された。

標準問題 ●●●●●●●●●●●●●●●●●●●●●●●●●●●●●●●●●●●●●●● 解答 → 別冊*p.29*

156 〈差がつく〉 次の文を読んで，あとの問いに答えよ。

　今日のa環境問題は，一国内の問題にとどまらず，世界各国が協調して取り組むべき人類共通の課題である。環境問題を地球規模でとらえる考え方は，1972年に開催されたb国連人間環境会議以降，急速に広がった。1980年代になると，経済や社会の発展の基盤である環境を損なわずに開発を進めようとする「（　①　）」という理念が提唱されるようになった。この理念にもとづいて，1992年には国連環境開発会議が開催され，具体的な行動計画である「（　②　）」などが採択された。そして，1997年に日本で開かれた気候変動枠組み条約第3回締約国会議(COP3)では，温室効果ガスの排出削減に向けたc京都議定書が採択された。

□(1)　文中の①・②にあてはまる語句を答えよ。

□(2)　下線部aのうち，南極上空などでみられる，オゾン層が破壊され，オゾンの濃度が周囲に比べ極端に少なくなっているところを何というか。

(3)　下線部bについて，各問いに答えよ。

□　①　この会議のスローガンを何というか。

□　②　この会議で採択された勧告にもとづいて，国連に設置された常設機関の名称を答えよ。

(4)　下線部cについて，各問いに答えよ。

□　①　京都議定書において規制の対象となっていない物質を1つ選び，答えよ。

　　　ア　一酸化炭素　　　　　　　　イ　メタン
　　　ウ　亜酸化窒素(一酸化二窒素)　エ　HFC

□　②　京都議定書に関する記述として正しいものを1つ選び，答えよ。

　　　ア　京都議定書は，1997年に京都で開催された気候変動枠組み条約第3回締約国会議(COP3)において採択された後，その翌年に発効した。

　　　イ　温室効果ガスの排出削減量について，批准したすべての国に対して法的拘束力のある数値目標を設定した。

　　　ウ　EU諸国が2001年に議定書からの離脱を宣言したため，アメリカも離脱した。

　　　エ　温室効果ガス排出権が余っている国と足りない国との間で排出枠を売買するしくみが導入された。

□(5)　環境保全を重視し，価格が多少高くても環境に配慮した製品を優先して購入する消費者のことを何というか。

📖 **ガイド**　(4) 京都メカニズムを通じて，温室効果ガスの排出量削減が行われている。

36 資源・エネルギー問題

● 資源・エネルギー問題

① **化石燃料**…石炭，石油，天然ガスなど，古い地質時代の動植物の死骸が化石化し燃料となったもの→再生不能の**枯渇性資源**であり，埋蔵量には限りがあること(2019年時点で，石油の可採年数は50年)，燃焼で二酸化炭素などの大気汚染物質が排出されることなどが問題点。

② **石油をめぐる国際問題**
欧米の国際石油資本(石油メジャー)による資源独占→**OPEC**(**石油輸出国機構**)，**OAPEC**(**アラブ石油輸出国機構**)を結成して対抗→1970年代の第1次・第2次石油危機(オイル・ショック)。

③ **エネルギー利用の推移**
・1960年代の**エネルギー革命**→石炭から石油への転換。
・1970年代の2度の**石油危機**(1973年は第4次中東戦争，1979年はイラン革命が契機)→省エネ，石油代替エネルギーへの転換。

● 原子力発電

① **特色**…発電の際に二酸化炭素をほとんど排出せず，少量の資源で大量のエネルギーを供給できるが，原発事故による放射能被害，放射性廃棄物の処理などの安全性の問題。

② **世界の原子力発電**…フランスでは総発電量の7割以上。アメリカではスリーマイル島原子力発電所(1979年)で，旧ソ連では**チェルノブイリ**原子力発電所(1986年)で原発事故。

③ **日本の原子力発電**…高速増殖炉「**もんじゅ**」の火災事故(1995年)，東海村の臨界事故(1999年)，東日本大震災にともなう**福島第一原子力発電所**の爆発事故(2011年)。

● 低炭素社会の構築

① **再生可能エネルギー**…太陽(太陽光，太陽熱)，バイオマス(生物をエネルギー源とする)，地熱，風力，波力，潮力など。

② **燃料電池**…酸素と水素の化学的な結合反応で生じるエネルギーで発電。

③ **コージェネレーション**…発電する際に発生する熱を，温水や蒸気の形で電気と同時に供給するしくみ。熱電併給のこと。

④ **環境税**…環境への負荷に応じて課税。**炭素税**が代表例。

⑤ **循環型社会形成推進基本法**…環境にできる限り負荷をかけない社会をめざす→**3R**(リデュース，リユース，リサイクル)。
  Reduce　Reuse　Recycle

基本問題 ●●● 解答 ➡ 別冊*p.29*

157 資源・エネルギー問題 ◀テスト必出

次の説明にあてはまる語句を答えよ。

- □ (1) 石炭，石油など，古い地質時代の動植物の死骸が化石化して燃料となったもの。
- □ (2) 各資源の確認埋蔵量を，その年の生産量で割って算出した数値のこと。
- □ (3) 産油国が国際石油資本(石油メジャー)に対抗して1960年に結成した組織。
- □ (4) 1960年代に，石炭から石油へエネルギー源が転換されたこと。
- □ (5) とうもろこしやサトウキビなど生物を原料としてできたエネルギー。
- □ (6) 酸素と水素の化学反応で生じるエネルギーを利用して発電するしくみ。
- □ (7) 発電の際に生じる熱を暖房や給湯などに利用するしくみ。
- □ (8) 炭素税などの環境への負荷に応じて課される税。
- □ (9) 環境にできる限り負荷をかけない社会をめざすための法律。

158 石油危機とエネルギー

次の各問いに答えよ。

- □ (1) 1970年代には次の石油危機(オイル・ショック)が発生したが，その直接のきっかけとなったできごととして適切なものをあとのア～カから選び，それぞれ記号で答えよ。

  ① 第1次石油危機   ② 第2次石油危機

  ア スエズ動乱　　イ 第3次中東戦争　　ウ 第4次中東戦争
  エ イラン革命　　オ キューバ危機　　カ 湾岸戦争

- □ (2) 次のうち，再生可能エネルギーにあてはまらないものを選び，記号で答えよ。
  ア 水力　　イ 地熱　　ウ 天然ガス　　エ 太陽光

- □ (3) 右のグラフは，主要国の発電エネルギー源別割合を示したものである。A～Cにあてはまる国名を，[ ]の中からそれぞれ選べ。

  [アメリカ　　日本
    フランス　　カナダ]

	水力	火力	原子力
A	8.7%	火力 82.3	6.2
B	59.0%	19.9	15.4 / 5.7
C	12.1% / 10.0	71.0	6.8

地熱・新エネルギー 2.7

(2018年) (『世界国勢図会』2021/22年版)
※合計が100%になるように調整していない。

📖 ガイド (3) ドイツ，イタリア，ベルギーは原発の廃止・削減を決定している。

標準問題 ●●●●●●●●●●●●●●●●●●●●●●●●●●●●●●●● 解答 ➡ 別冊*p.30*

159 次の文を読んで，あとの各問いに答えよ。

　1973年に起こった（　①　）以来，先進国の多くは，<u>a石油に代わるエネルギー</u>として原子力発電を進めてきた。原子力発電は，原子炉の中でウランが（　②　）反応をするときに発生する熱エネルギーを利用するもので，発電の際に二酸化炭素をほとんど発生させないことから<u>bクリーンなエネルギー</u>として注目されていた。しかし，旧ソ連の（　③　）発電所での事故や福島第一原子力発電所での事故のように，事故が発生した場合，きわめて広範囲にわたって（　④　）被害をおよぼすことなどから，「原発推進」を見直す国も出てきている。

□ (1) 文中の①〜③にあてはまる語句を，次から選び，それぞれ記号で答えよ。

　ア　エネルギー革命　　イ　石油危機(オイル・ショック)　　ウ　核分裂

　エ　核融合　　オ　スリーマイル島　　カ　チェルノブイリ

□ (2) 文中の④にあてはまる語句を答えよ。

□ (3) 下線部aについて，水力や潮汐，風力などの枯渇することのないエネルギーを何というか。

(4) 下線部bについて，次のような発電方法をそれぞれ何というか答えよ。

□ ①　地中のマグマを熱源とし，噴出する天然蒸気を用いてタービンを回し，発電する方法。

□ ②　太陽電池を利用し，太陽の光エネルギーを直接電気に変換する発電方法。

160 **◀差がつく** 資源・エネルギーの利用に関する記述として正しいものを1つ選び，記号で答えよ。

ア　第二次世界大戦後，石油や天然ガスから石炭へと主要なエネルギー源が大きく転換したことを，エネルギー革命とよぶ。

イ　枯渇性資源の可採年数とは，確認可採埋蔵量をその年の生産量で割ったものであり，石油の可採年数は一貫して減少し続けている。

ウ　日本において，一次エネルギー供給量に占める再生可能エネルギーの割合は3割をこえている。

エ　植物を原料としてできたバイオマスは，燃焼させても全体でみると二酸化炭素の量が増加しないという特性をもつ。

オ　発電する際に発生する熱を，温水や蒸気の形で電気と同時に供給するスマートグリッドのしくみが利用されている。

📖**ガイド**　一次エネルギーとは，自然界から直接得られ，加工されずに供給されるエネルギー。

37 科学技術の発達と生命倫理

テストに出る重要ポイント

● **バイオテクノロジー(生命工学)の発達と生命**

① **クローン技術**…遺伝子が完全に同一の個体を複製する技術。

② **ゲノム**…生命体が生きていくために必要な遺伝子情報の総体。ヒトゲノムの解読は完了。

③ **ゲノム編集**…特定の遺伝子を改変して農産物などを品種改良。

④ **不妊治療(生殖技術)**…人工授精，体外受精，代理出産など。

⑤ **出生前診断**…出生前に子どもの障がいや遺伝病の有無などを診断。

⑥ **万能細胞**…人の臓器や組織に成長させることができる細胞。ES細胞(胚性幹細胞)やiPS細胞(人工多能性幹細胞)が研究され，再生医療で期待。

⑦ **遺伝子組み換え(GM)**…ある生物から有用な遺伝子を取り出し，他の生物に組みこむ。

● **生命倫理(バイオエシックス)**…人の生死の操作や人の尊厳にかかわる問題。

① **臓器移植法**…「脳死は人の死」と認定。本人が生前に拒否していなければ家族の承諾のみで臓器提供が可能。臓器提供者(ドナー)の年齢制限なし。

② **安楽死・尊厳死**…本人や家族の同意を前提に「死の自己決定権」を広く認めるかどうかが医療現場で問われている。生前に意思表示(リヴィング・ウィル)しておく場合も多い。

③ **インフォームド・コンセント**…医師が病状や治療方針・内容などを十分に説明した上で，患者自身の同意にもとづいて治療を行うという考え方。

④ **生命の質(QOL)**…いかに生きるかを重視する考え方。クオリティ・オブ・ライフ。生命そのものに絶対的価値をおく**生命の尊厳(SOL)**とは異なる。

基本問題 ●●●●●●●●●●●●●●●●●●●●● 解答 ➡ 別冊*p.30*

161 生命倫理に関する用語 ◀テスト必出

次の語句に対応する日本語名を，[　]の中からそれぞれ選べ。

□ (1) バイオエシックス　□ (2) バイオテクノロジー　□ (3) ゲノム

□ (4) クオリティ・オブ・ライフ　□ (5) ドナー

[
生命科学　　　生命工学　　　生命倫理　　　　生命の質
臓器提供者　　移植患者　　　遺伝子情報の総体　生前の意思表示
]

162 バイオテクノロジーの発達と生命倫理 ◀ テスト必出

次の説明にあてはまる語句を答えよ。

- □ (1) 遺伝子が完全に同一の個体を複製する技術。
- □ (2) 万能細胞のうち，培養した胚からつくられる細胞。
- □ (3) 人が生きていくために必要な遺伝子情報の総体のこと。
- □ (4) 医師が病状や治療方針・内容などを十分に説明した上で，患者自身の同意に もとづいて治療を行うという考え方。
- □ (5) 人間としての尊厳を保持するために延命治療を拒否し，自然な死を選ぶこと。
- □ (6) 死期が迫った患者を苦痛から解放するために，本人の希望により人為的な手 段によって安らかな死へ導くこと。

標準問題 •• 解答 ➡ 別冊 *p.30*

（できたらチェック）

163 医療技術の発達や生命倫理に関する記述の下線部が正しいものを1つ選び， 記号で答えよ。

ア ヒトゲノムの塩基配列をすべて読み取る「ヒトゲノム計画」が，国際的な共 同プロジェクトとして行われたが，ヒトゲノム解読は完了していない。

イ 死期が迫った末期患者の苦痛を取り除くことなどを目的として，家族の同意 のもとに，安楽死を認める法律が日本でも制定されている。

ウ ゲノム編集は，特定の遺伝子を改変して効率よく品種改良できる技術であり， 倫理的な問題も指摘されているが，現在のところ法規制は実施されていない。

エ 遺伝子組み換え作物はアメリカ，カナダなどから大量に輸入されているが， 遺伝子組み換え作物を使った食品であることの表示は義務づけられていない。

📖 ガイド エ．大豆，じゃがいも，トウモロコシなどの遺伝子組み換え作物の輸入が認可され ている。

164 ◀ 差がつく 臓器移植法に関する記述として適当でないものを1つ選び，記 号で答えよ。

ア 脳死を「人の死」としている。

イ 本人の生前の意思が不明な場合には，家族が承諾しても臓器提供はできない。

ウ 0歳の子どもからの臓器移植も可能である。

エ 生前に書面で意思表示していれば，配偶者や子どもなどの親族への優先提供 も可能である。

38 高度情報社会と私たちの生活

テストに出る重要ポイント

◉ 高度情報社会

① **IT革命**…コンピュータやインターネットなど情報技術の発展にともなう，社会の急激な変化。1990年代ごろから始まった。

② **ユビキタス社会**…いつでも，どこでも，だれでもコンピュータネットワークを利用できる社会。2000年制定の高度情報通信ネットワーク社会形成基本法(IT基本法)にもとづき，その実現に向けてさまざまな政策が実施されている→**クラウド・コンピューティング**の利用が進む。

③ **SNS**(ソーシャル・ネットワーキング・サービス)…インターネット上で利用者どうしの交流を促進することを目的。

◉ 情報社会の危険性

① **デジタル・デバイド**の拡大…情報技術を利用できる能力や情報機器をもつ者ともたない者との間に生まれる情報格差が拡大。

② **サイバー犯罪**(データ破壊・流出など)→**不正アクセス禁止法**で禁止。

③ **知的財産権**(知的所有権)の侵害…著作権や特許権などの侵害が容易に→法的紛争を裁判する**知的財産高等裁判所**の設置。

④ 通信技術などの発達で個人情報の取得が容易に→2003年に**個人情報保護法**が制定。

◉ 情報社会の課題

① **メディア・リテラシー**…さまざまなメディアからの情報を批判的に取捨選択し，主体的に活用できる能力。

② **ビッグデータ**…情報通信技術の発達によって得られるようになった大量のデータ。第三次産業の発展が期待されるが，プライバシー保護の面から問題点も指摘される。

基本問題 ••• 解答 ➡ 別冊*p.31*

165 高度情報社会に関する用語 ◀テスト必出

次の説明にあてはまる語句を答えよ。

☐ (1) 「いつでも，どこでも，何でも，だれでも，どこからでも」コンピュータネットワークを利用できる社会。

☐ (2) 情報にアクセスできる能力や情報機器をもつ者ともたない者との間に生まれる情報格差。

166 高度情報社会の特質 ◀テスト必出

次の文の空欄にあてはまる語句を答えよ。

□ (1) （ ① ）は，テレビや新聞などのマス・メディアを使って，大量の情報を不特定多数の受け手に一方通行で伝達するのに対し，世界中のコンピュータが結びついた（ ② ）は，不特定多数の間で双方向の通信が可能である。

□ (2) （ ② ）上で利用者どうしの交流を促進することを目的としたウェブサービスを（ ③ ）という。

□ (3) 知的創作活動から生産されたものの権利を（ ④ ）権といい，具体的には著作権や特許権などをさす。

□ (4) （ ⑤ ）とは，情報を幅広く集め，そこから必要な情報を判断・選択し，主体的に活用する能力をいう。

標準問題 ●● 解答 ➡ 別冊*p.31*

□ **167** マス・メディアに関する記述として適切でないものを1つ選び，記号で答えよ。

ア マス・メディアの大半は営利企業であるため，商業主義にもとづく情報提供により，文化の低俗化を招く恐れがある。

イ マス・メディアは，流行や消費の動向，世論の形成にも影響をおよぼしている。

ウ マス・メディアが発信するさまざまな情報は常に客観的で正確であり，人々の合理的な思考や自主的な判断に大きな役割を果たしている。

エ マス・メディアが発信する情報はイメージ化された現実であり，極端な場合には情報操作が行われることもある。

□ **168** ◀差がつく 高度情報社会に関する記述として正しいものを1つ選び，記号で答えよ。

ア メディアから得られる情報をそのまま受け入れていくことが，メディア・リテラシーを高めるための重要な要素であるとされる。

イ 情報機器の有無や情報技術を利用できる能力に格差がある状況はデジタル・デバイドとよばれ，世代間や地域間などにおける格差が指摘されている。

ウ プライバシー保護の観点から，民間企業のコンピュータによって処理される個人情報の取扱いについて定めた不正アクセス禁止法が制定された。

エ 知的財産権のうち著作権は，書籍や音楽などについては認められているが，コンピュータソフトはその対象外となっている。

□ 編集協力　㈱オルタナプロ　富田啓佑　待井容子
□ 図版作成　㈲デザインスタジオエキス.

シグマベスト

シグマ基本問題集
公共

本書の内容を無断で複写（コピー）・複製・転載する
ことを禁じます。また，私的使用であっても，第三
者に依頼して電子的に複製すること（スキャンやデ
ジタル化等）は，著作権法上，認められていません。

編　者	文英堂編集部
発行者	益井英郎
印刷所	中村印刷株式会社
発行所	株式会社文英堂

〒601-8121　京都市南区上鳥羽大物町28
〒162-0832　東京都新宿区岩戸町17
（代表）03-3269-4231

シグマ基本問題集

公　共

正解答集

◎『検討』で問題の解き方が完璧にわかる

◎『テスト対策』で定期テスト対策も万全

文英堂

1　青年期の意義と自己形成

基本問題 •••••••••••••••••• 本冊 *p.5*

①

答　(1) ① エ　② カ　(2) ③ コ

(3) ④ ア　⑤ キ　(4) ⑥ ウ　⑦ ク

検討　(1)②**モラトリアム**とは，もともと経済用
語の「支払猶予（ゆうよ）」を意味することば。

②

答　(1) イ　(2) ア　(3) ウ　(4) オ

(5) キ　(6) ケ

検討　エ．「**アイデンティティの確立**」は，「ア
イデンティティの拡散」とは逆に，自分が自
分であり固有の存在であることを認識するこ
と。ク．「**退行**」は，幼児期などの発達の前
段階に戻って問題解決を避けようとする防衛
機制のこと。

③

答　A ア　B エ　C ウ

検討　**マズロー**は人間の欲求は階層構造的に存
在するとして欲求階層説をとなえた。イ．
「真・善・美」の欲求は「自己実現の欲求」
である。

④

答　(1) 合理化　(2) 代償（補償）

(3) 同一視　(4) 昇華　(5) 退行　(6) 逃避

(7) 反動形成　(8) 抑圧

検討　**防衛機制**とは，欲求不満からくる不安や
恐怖をやわらげ，自己の精神を守ろうとする
無意識の心の働きである。

⑤

答　(1) エ　(2) エ

検討　(2)**ジェンダー**は，生物学的な性とは異
なり，社会的・文化的につくられた性である。

標準問題 •••••••••••••••••• 本冊 *p.7*

⑥

答　ア

検討　イはレヴィン，ウはルソー，エはハヴィ
ガーストのことばである。

⑦

答　(1) ① 個性化　② 社会化

(2) ③ エミール　④ 存在する　⑤ 生きる

(3) ⑥ インターンシップ

検討　(2)ルソーは著書『エミール』の中で，人
間から男・女に成長して，人生を生きる自覚
をもつことを指すために，「**第二の誕生**」と
いうことばを使っている。

⑧

答　エ

検討　ア．レヴィンは，青年は大人の集団にも
子どもの集団にも属さないことから，不安定
な状態であるとした。イ．フロイトではなく
エリクソン。ウ．青年期の開始時期や継続期
間は，時代や社会によって異なる。オ．通過
儀礼ではなく心理的離乳。

⑨

答　エ

検討　エ．通過儀礼ではなく，年中行事の1つ。

2　哲学・宗教と人間

基本問題 •••••••••••••••••• 本冊 *p.9*

⑩

答　(1) ① ソクラテス　② 無知の知

(2) ③ 問答法　(3) ④ プラトン

(4) ⑤ アリストテレス　⑥ ポリス（社会）

(5) ⑦ パスカル　⑧ 考える葦（あし）

検討　(1)**ソクラテス**は，デルフォイの神殿に
書かれている「なんじ自身を知れ」というこ

とばを，無知の自覚という意味に解釈した。

11

答 (1) ア イエス　イ ムハンマド
ウ 新約聖書　エ クルアーン(コーラン)
オ カトリック　カ シーア
キ 大乗仏教(北伝仏教)
(2) ① 縁起の法　② 隣人愛　③ 慈悲
④ 神の愛(アガペー)　⑤ 八正道
⑥ 六信五行

検討 (1)ウの『新約聖書』は，マタイ，マルコ，ルカ，ヨハネという4つの福音書などからなる。キの**大乗仏教**は，自己の悟りとともに，他者の救いもめざすもので，中国や日本に広まった(北伝仏教)。

12

答 (1) イ　(2) ① イ　② ウ　③ エ　④ ア
検討 (1)アは墨家，ウは道家(老荘思想)，エはキリスト教の特徴を表した語句である。
(2)孟子と荀子は，**孔子**と同じ儒家。

標準問題 •••••••••••••••• 本冊 *p.10*

13

答 エ
検討 エ．仏教において，楽しみを与え苦しみを除くことは**慈悲**である。**喜捨**はイスラームにおける愛で，貧しい人々に施しをすること。

14

答 ウ
検討 アは**プラトン**，イは**ソクラテス**，エは**老子**。孟子は儒家で，性善説をとなえた。

テスト対策

●三大世界宗教
キリスト教，イスラーム，仏教の成立時期，開祖，教えについて，それぞれ整理しておこう。
- **キリスト教**…1世紀初めごろ，ユダヤ教を母体として成立。神への愛は隣人愛によって実現されると説かれる。
- **イスラーム**…7世紀初めごろに成立。神の啓示を記した啓典『クルアーン(コーラン)』に従って生活することがイスラーム(神への帰依)であると説かれる。
- **仏教**…紀元前5世紀ごろに成立。すべてのものはたがいに依存し合って成立し，それ自体で独立して存在するものはない(縁起の法)と説かれる。

3 西洋の自然観・人間観

基本問題 ••••••••••••••••••• 本冊 *p.12*

15

答 (1) ① ウ　② ク　(2) ③ エ
(3) ④ ア　⑤ キ　(4) ⑥ ケ
検討 イのヘーゲルは，カの弁証法を説いた。コの物心二元論(心身二元論)は，デカルトが説いたもので，物体と精神とは異なる原理の下にある2つの実体であるという思想。

16

答 (1) オ　(2) ア　(3) ウ　(4) エ
(5) カ　(6) イ
検討 (4)功利主義とは，善悪の基準を，快楽や幸福を生み出すかどうかという功利性に求める立場。
(6)**カント**はこの考えを国際社会にまで広げ，国際平和機関の必要性を説いた。

❶❼

答 (1) エ (2) イ (3) ア (4) ウ

検討 (1)リースマンは，人間の社会的性格を，前近代の**伝統指向型**，近代の**内部指向型**，大衆社会に特有の**他人指向型**の３つに分類した。

┌───────────────┐
📝 **テスト対策**

●**リースマンの性格類型**
- **伝統指向型**…社会の伝統に従順に同調・行動。
- **内部指向型**…自己の内面的価値に同調・行動。
- **他人指向型**…他人の意見に敏感で，社会に同調。大衆社会に特有な類型。
└───────────────┘

標準問題 ●●●●●●●●●●●●●●●●●● 本冊*p.13*

❶❽

答 エ

検討 アは**デカルト**，イは**ベンサム**，ウは**サルトル**のことばである。

┌───────────────┐
📝 **テスト対策**

●**ベーコン**
- **帰納法**，経験論，イドラ（偏見・先入観）
- ４つのイドラ…種族のイドラ，洞窟のイドラ，市場のイドラ，劇場のイドラ
- 「知は力なり」

●**デカルト**
- **演繹法**，合理論，方法的懐疑
- 「われ思う，ゆえにわれあり」
└───────────────┘

❶❾

答 ウ

検討 ア．ロールズは功利主義を批判した。イ．フロムではなく**アドルノ**についての説明。エ．「伝統指向型」や「内部指向型」から，「他人指向型」へと変わってきていることを指摘した。

基本問題 ●●●●●●●●●●●●●●●● 本冊*p.14*

❷⓿

答 (1) 八百万神
(2) 清き明き心（清明心） (3) 正直

検討 (1)日本では，キリスト教やイスラームで説くような唯一絶対の神は存在しないとされ，神々は山川草木，岩石など，あらゆる自然にやどるとされた。

❷❶

答 (1) 人物：**法然** 宗派：浄土宗
(2) 人物：日蓮 宗派：日蓮宗
(3) 人物：道元 宗派：曹洞宗

検討 (1)ただひたすら「南無阿弥陀仏」と念仏をとなえることを**専修念仏**という。
(2)**日蓮**は，題目により，仏と一体化して成仏できると説いた。
(3)**道元**は，ただひたすら坐禅すること（**只管打坐**）により，身体も心も執着から解き放たれるとした（**身心脱落**）。

❷❷

答 (1) ウ (2) イ (3) ア (4) エ
検討 (2)**本居宣長**は，理屈ばかり説く儒教や仏教の精神を，漢意とよんで批判した。

標準問題 ●●●●●●●●●●●●●●● 本冊*p.15*

❷❸

答 イ

検討 ア．**伊藤仁斎**は，「孝」ではなく「誠」を重視した。「孝」は日本陽明学の創始者である**中江藤樹**が天地を貫く原理として説いたもの。ウ．**柳田国男**についての説明。民間の伝承や信仰を研究し，『遠野物語』などを著した。エ．**西田幾多郎**についての説明。『善

の研究』で自他一体(主客未分)の純粋経験の
概念を示した。

5　民主政治の原理と法の支配

基本問題 ●●●●●●●●●●●●●● 本冊p.17

❷④

答　(1) ① 王権神授説　② 社会契約説
③ 法の支配　④ 権力分立(三権分立)
(2) ① イ　② エ　③ ア　④ ウ　⑤ キ
⑥ ク　⑦ カ　⑧ オ

検討　(1)① 王権神授説は，**絶対王政**を権威づ
けるためにとなえられた。
(2)「万人の万人に対する闘争」状態は**ホッブ
ズ**，「抵抗権」は**ロック**，「一般意志」は**ル
ソー**，「三権分立」は**モンテスキュー**。

❷⑤
答　(1) 世界人権宣言　(2) 国際人権規約
(3) 女性(女子)差別撤廃条約
(4) 子ども(児童)の権利条約

検討　(2)**国際人権規約**は，「経済的，社会的及
び文化的権利に関する国際規約」(A規約，
社会権規約)と「市民的及び政治的権利に関
する国際規約」(B規約，自由権規約)などか
らなる。締約国は，規約実現のためにとった
措置を国連に報告しなければならない。

❷⑥

答　(1) ① 議院内閣制
② 影の内閣(シャドー・キャビネット)
③ 教書　④ 連邦制
⑤ 全国人民代表大会(全人代)
(2) ① 4年　② 国民　③ 拒否権　④ 共和党

検討　(1)③ アメリカ大統領は，**教書**を提出し
て連邦議会に協力を要請する。
⑤中国では，権力分立を否定し，国会にあた
る全国人民代表大会にすべての権力が集中す

る**権力集中制**を採用している。
(2)③ 違憲(法令)審査権を有するのは裁判所
である。

標準問題 ●●●●●●●●●●●●●● 本冊p.18

❷⑦

答　エ

検討　ホッブズとロックは，ルソーとともに社
会契約説の思想家。社会契約説は，市民革命
以降の近代国家の理論的根拠となった。

❷⑧

答　(1) ウ→ア→イ→エ
(2) ① リンカーン
② 間接民主制(議会制民主主義)
(3) イ　(4) イ　(5) ウ

検討　(1) ア は1965年，イ は1966年，ウ は
1948年，エ は1989年に採択された。
(2)① ゲティスバーグでの演説の一節。
② 「人民による政治」には，**間接民主制**のほ
か，主権者である国民が直接政治を行う**直接
民主制**がある。
(4)イ. 下院(庶民院)議員は直接選挙で選ばれ
るが，上院(貴族院)は非民選の議員からなる。
(5)ア. 大統領は，国民が選出した大統領選挙
人による投票で選ばれ，形式的には間接選挙
制だが，実質的には直接選挙。また，連邦議
会議員の中から選出されるわけではない。イ.
議院内閣制とは異なり，大統領は連邦議会を
解散することはできず，議会もまた大統領の
不信任決議権はもたない。ウ. 大統領が**拒否
権**を行使した場合でも，上・下両院の3分の
2以上の多数で再可決すれば，法案は成立す
る。エ. 大統領の任期は4年。

テスト対策

●社会契約説

ホッブズ，ロック，ルソーの著書や主張した内容はよく問われる。それぞれのキーワードをしっかりおさえておこう。
- ホッブズ(イギリス)──『リバイアサン』
- ロック(イギリス)
  ──『統治二論(市民政府二論)』
- ルソー(フランス)──『社会契約論』

---

6 日本国憲法の基本原理

基本問題 ••••••••••••••••• 本冊p.20

㉙

答 (1) ① 欽定憲法　② 天皇大権
③ 統帥権

(2) ① ウ　② イ　③ エ　④ オ

⑤ ウ　⑥ ア

検討 (1)①欽定憲法に対し，日本国憲法のように，国民の名のもとに定められた憲法を民定憲法という。

③大日本帝国憲法(明治憲法)では，統帥権の独立が定められ，内閣や議会は軍に干渉できなかった。

(2)③法律によって制限することを「法律の留保」という。

④帝国議会は，天皇が立法権を行使する場合に，協賛(同意の意思を表示)する機関であるとされた。なお，内閣については定めがなく，各国務大臣が個別に天皇を輔弼するものとされた。

㉚

答 (1) 象徴　(2) (天皇の)国事行為

(3) 内閣　(4) カ

検討 (3)天皇の国事行為に対する責任は，内閣が負う。

(4)カは内閣の権限である。

標準問題 ••••••••••••••• 本冊p.21

㉛

答 ウ

検討 ア．国民の権利は「臣民の権利」として天皇によって与えられたものであり，法律によって制限できると明記されていた。イ．違憲(法令)審査権は認められていなかった。エ．三大基本原理は，国民主権，基本的人権の尊重，平和主義である。

---

7 基本的人権の保障

基本問題 ••••••••••••••• 本冊p.23

㉜

答 (1) ① 社会権　② 請求権　③ 自由権
④ 参政権　⑤ 自由権　⑥ 社会権

(2) ウ，カ

検討 (2)ア・オは精神の自由，イ・エは人身(身体)の自由である。

㉝

答 (1) ① 罪刑法定主義　② 令状主義
③ 黙秘権

(2) ① 生存権　② 朝日　③ プログラム規定
④ 能力　⑤ 義務　⑥ 団結権
⑦ 団体行動権

検討 (1)②令状主義により，現行犯以外の場合，裁判所の発行する令状がなければ逮捕されない。

(2)労働者の権利の保護と実現のために，労働三法が定められている。

㉞

答 (1) ① ウ　② イ　③ ア

(2) ① 請願権　② 損害賠償請求権
③ 刑事補償請求権

検討 (1)③憲法改正の国民投票において，有効投票総数の過半数の賛成があれば，改正案

は成立する。

答　(1) ① 人種　② 門地

(2) 全国水平社宣言

検討　(1)②門地とは家柄<ruby>柄<rt>がら</rt></ruby>のこと。

(2)全国水平社宣言は，全国水平社がその創立大会で宣言したもの。

答　(1) 権利：知る権利　法律：情報公開法

(2) 権利：プライバシーの権利（プライバシー権）　法律：個人情報保護法

(3) 環境影響評価法（環境アセスメント法）

(4) 自己決定権

検討　(1)情報公開法は，国の行政機関が有する文書の原則公開を義務づけている。

(2)個人情報保護法は，本人への情報開示や第三者への提供制限などを定めている。

(4)自己決定権にもとづくものとして，尊厳死<ruby>厳<rt>そんげん</rt></ruby><ruby>死<rt>し</rt></ruby>やインフォームド・コンセントなどがあげられる。

標準問題 •••••••••••••••••••• 本冊*p.25*

答　(1) ① 検閲<ruby>閲<rt>けんえつ</rt></ruby>　② 政教分離の原則

(2) ウ

検討　(2)アとエは自由権のうち精神の自由，イは自由権のうち経済活動の自由，オは「新しい人権」のうち環境権に関する訴訟<ruby>訟<rt>そしょう</rt></ruby>である。

答　(1) ① 経済活動

② 健康で文化的な最低限度　③ 公衆衛生

(2) ア　(3) ワイマール憲法　(4) エ

検討　(2)アは経済活動の自由。

(3)ワイマール憲法はドイツ共和国憲法のことで，生存権や労働者の団結権などについて規定されていた。

(4)ア．最高裁判所は，朝日訴訟<ruby>朝<rt>あさ</rt></ruby><ruby>日<rt>ひ</rt></ruby>や堀木訴訟<ruby>堀<rt>ほり</rt></ruby><ruby>木<rt>き</rt></ruby>に

おいて憲法第25条の規定をプログラム規定であるとし，この規定を直接の根拠として国民が国に具体的請求を行うことはできないとした。イ．教育を受ける権利は社会権の1つである。また，憲法第26条第2項の「義務教育の無償<ruby>償<rt>むしょう</rt></ruby>」とは授業料の無償を意味するが，教科書費用は無償の対象外となっているが，現在は立法措置により教科書は無償配布されている。ウ．公務員については，公共の福祉の観点から労働三権は制限されている。

8　平和主義とわが国の安全

基本問題 •••••••••••••••••••• 本冊*p.27*

答　(1) 第9条

(2) ① カ　② イ　③ ア　④ オ

(3) 日米安全保障条約

(4) 原則：非核三原則　語句：つくらず

検討　(1)憲法第9条は，平和主義の理念を具体化したものである。

(2)④交戦権とは，国家が戦争を行う権利のこと。

(3)日米安全保障条約は，日本の安全維持と極<ruby>極<rt>きょく</rt></ruby>東<ruby>東<rt>とう</rt></ruby>の平和を目的とする。

答　(1) 警察予備隊　(2) 保安隊

(3) 思いやり予算

(4) シビリアン・コントロール

(5) 専守防衛　(6) 集団的自衛権

(7) PKO（国連平和維持活動）協力法

検討　(2)1954年に自衛隊となった。

(6)政府は，日本は集団的自衛権を有しているが，その行使は自衛権の範囲をこえるので許されないとしてきた。しかし，2014年に集団的自衛権の行使を一部可能にする閣議決定が行われた。

標準問題 •••••••••••••••••••• 本冊 *p.28*

41

答 ① ア ② オ ③ ケ ④ キ
⑤ ウ ⑥ ク

検討 ③有事の際，アメリカの軍事行動を自
衛隊が後方で支援することが定められた。
⑥海賊行為に対し，民間船舶を護衛する。

42

答 (1) イ (2) ウ

検討 (2)ウ．最高裁判所は，**統治行為論**にもと
づき，司法審査の対象とならないとしている。

---

9 **三権分立と国会のしくみ**

基本問題 •••••••••••••••••••• 本冊 *p.30*

43

答 A イ B エ C カ D ア E オ

検討 **三権分立**は，国家権力を立法権(国会)・
行政権(内閣)・司法権(裁判所)の３つに分
け，たがいに抑制し合い均衡をはかるしくみ。
権力の濫用を防ぎ，国民の権利を保障するこ
とを目的としている。

44

答 (1) ① 国権 ② 立法機関
(2) 二院制
(3) ① 465 ② 248 ③ 4 ④ 6 ⑤ 25
⑥ 30
(4) ① 臨時会(臨時国会)
② 常会(通常国会) ③ 特別会(特別国会)
(5) 国政調査権

検討 (1)①「国権の最高機関」とは，国会は主権
者である国民を直接代表する民主的な機関で
あり，政治的に重要であることを意味している。
(2)参議院は解散もなく任期が長いこともあ
り，異なった視点から審議できる利点もある
が，参議院の政党化がすすみ，審議において

党議拘束が強化されるなど問題もある。
(4)国会にはこのほかに，衆議院の解散中に，
国に緊急の問題が起こった場合に召集される
「**参議院の緊急集会**」がある。

📝 **テスト対策**

●**国会の種類**
• **常会(通常国会)**…毎年１月に召集。
• **臨時会(臨時国会)**…必要に応じて開会。
• **特別会(特別国会)**…衆議院が解散した後
の，総選挙から 30 日以内に開かれる。
• **参議院の緊急集会**…衆議院の解散中，緊
急の場合に開かれる。

45

答 (1) ① カ ② オ ③ ア ④ キ
⑤ エ ⑥ イ
(2) ① 不逮捕特権 ② 歳費特権
③ 免責特権
(3) ① 本会議 ② 委員会 ③ 公聴会
④ 両院協議会

検討 (3)②**委員会**には，常に設けられている
常任委員会と，必要に応じてその都度設けら
れる特別委員会とがあり，議員はいずれかの
委員会に所属して議案を審議する。

46

答 (1) イ，エ
(2) ① 3 分の 2 ② 両院協議会

検討 (1)衆議院は，任期が短く解散制度もあ
り，国民の意思を反映させやすいため，参議
院よりも優越される。
(2)法律案の場合のみ，再議決が必要となる。

標準問題 •••••••••••••••••••• 本冊 *p.32*

47

答 (1) ① 国権の最高機関 ② 発議
(2) エ (3) イ (4) クエスチョン・タイム

検討 (3)イの条約の締結は内閣の権限。条約

についての国会の権限は，その承認である。
(4)党首討論とよばれ，国会での討論を活性化
させるため，1999年より取り入れられた。

答 エ

検討 ア．予算案について参議院が衆議院と異
なった議決をし，両院協議会を開いても意見
が一致しない場合，廃案となるわけではなく，
衆議院の議決が国会の議決となる。イ．衆議
院に先議権があるのは予算案のみ。ウ．3年
に1度選挙が行われ，定数の2分の1ずつ
が改選される。オ．国政調査権に関しては，
証人喚問を行うこともできる。

📝テスト対策

●衆議院の優越（ゆうえつ）

　法律案の議決，予算の議決，条約の承認，
内閣総理大臣の指名，予算の先議権，内閣
不信任決議の場合に衆議院の優越を認めて
いる。

・**法律案の議決**

・衆参両議院で異なった議決をしたとき
・衆議院が可決した法律案を，参議院が受
け取った後，60日以内に議決しないとき
　　　　↓
衆議院で**出席議員の3分の2以上の多数
で再可決**すれば成立

・**予算案の議決，条約の承認，内閣総理大
臣の指名**

・衆参両議院で異なった議決をし，両院協
議会を開いても意見が一致しないとき
・衆議院が可決した議案を参議院が受け取
った後，30日以内(内閣総理大臣の指名
は10日以内)に議決しないとき
　　　　↓
衆議院の議決が国会の議決となる

10　内閣のしくみと役割

基本問題 ●●●●●●●●●●●●●●●●●●●●●● 本冊p.34

答 (1)① カ　② ウ　③ エ　④ ウ
⑤ コ　⑥ エ　⑦ ケ
(2) 閣議　(3)ウ，キ　(4)公務員

検討 (1)⑤内閣総理大臣は，国務大臣を任意
に任命・罷免(ひめん)することができる。
(2)**閣議**は非公開であり，内閣総理大臣や国務
大臣は審議内容の秘密を保持すべきとされて
いる。また，国会に対し連帯して責任を負う
ことから，全会一致制(全員が賛成すること)
がとられる。
(3)ウの国政調査権の行使，キの内閣総理大臣
の指名ともに，国会の権限である。

50

答 ① ア　② カ　③ オ　④ ク
⑤ キ　⑥ エ

検討 ③**総辞職**とは，内閣総理大臣および国
務大臣のすべてが同時に辞職することをいう。
なお，衆議院の解散を選んだ場合でも，衆議
院議員総選挙後，初めて国会が召集されたと
きに，内閣は総辞職することになっている。
④・⑤「解散の日から40日以内に総選挙」，
「選挙の日から30日以内に国会が召集」とあ
るが，選挙を行う期間が必要なため，総選挙
までの期間の方が長くなっている。

51

答 (1) 政令　(2) 内閣府　(3) 行政委員会
(4) 委任立法　(5) 独立行政法人

検討 (1)**政令**は，法律の委任がある場合をの
ぞいて，罰則を設けたり，権利を制限したり
することはできない。
(2)**内閣府**は，他の省庁よりも上位に位置づ
けられている。

標準問題 ●●●●●●●●●●●●●●●● 本冊*p.35*

❺❷

答 (1) ① 行政　② 全会一致

(2) ウ　(3) ア　(4) 副大臣

検討 (1)②**閣議**の議決方法は，多数決制ではなく全会一致制がとられている。

(2)ウ．衆議院が解散した場合，内閣はただちに総辞職しなければならないわけではない。衆議院議員総選挙の後に初めて国会の召集があったとき，総辞職しなければならない。

(3)イ．内閣総理大臣は，国会議員であればよく，「国務大臣の経験」などといった要件は特にない。ウ．国務大臣のうち過半数が国会議員であればよい。エ．内閣は国務大臣を罷免する場合，国会の承認を得る必要はなく，任意に罷免できる。

(4)副大臣と同じく各省庁に置かれる大臣政務官は，特定の政策および企画に参加する。

┌─────────────────────┐
│ 📝 テスト対策 │
│ ●**内閣の権限** │
│ ・法律の執行　　・外交関係の処理 │
│ ・条約の締結　　・予算の作成と提出 │
│ ・政令の制定　　・恩赦の決定 │
│ ・天皇の国事行為に対する助言と承認 │
│ ・最高裁判所長官の指名 │
│ ・その他の裁判官の任命 │
└─────────────────────┘

11　裁判のしくみと役割

基本問題 ●●●●●●●●●●●●●●●● 本冊*p.37*

❺❸

答 (1) ① 最高　② 高等　③ 地方

④ 家庭　⑤ 簡易　(2) 下級裁判所

(3) ① ウ　② ア　③ ウ　④ ア

⑤ エ　⑥ ウ

検討 (1)① 最高裁判所は，裁判の手続きなどに関する規則制定権をもつ。⑤**簡易裁判所**は，請求額が140万円以下の民事訴訟や，罰金刑以下の刑事訴訟を扱う裁判所。

❺❹

答 (1) 司法権の独立　(2) 国民審査

(3) 弾劾裁判所　(4) 違憲(法令)審査権

(5) 三審制

検討 (2)最高裁判所裁判官の**国民審査**は，衆議院議員総選挙の際に行われ，投票者の過半数が罷免を可とするとき，その裁判官は罷免される。

(4)**違憲(法令)審査権**はすべての裁判所が有し，最終的な判断を下すのが最高裁判所である。

❺❺

答 (1) 冤罪　(2) 再審　(3) 裁判員制度

(4) 検察審査会制度　(5) 犯罪被害者参加制度

検討 (2)再審により，無罪判決が下された例もある。

(5)**犯罪被害者参加制度**により，一定の重大事件の犯罪被害者やその家族が，刑事事件に参加して証人や被告人に直接質問することができるようになった。

標準問題 ●●●●●●●●●●●●●●●● 本冊*p.38*

❺❻

答 (1) ① 特別　② 良心　③ 憲法

(2) ① 家庭裁判所，簡易裁判所

② 知的財産高等裁判所

(3) 大津事件　(4) ① 憲法の番人　② イ

検討 (2)②知的財産権は**知的所有権**ともいう。

❺❼

答 (1) ① 民事　② 行政　(2) エ

(3) A 控訴　B 上告

検討 (1)②**行政裁判**は，国・地方公共団体などの行政機関によって不当に権利を侵害され

た被害者が，被害の救済を求めるもの。

(2)ア. **司法権の独立**は各裁判所間の関係においても適用され，最高裁判所は下級裁判所の訴訟について助言を与えるなど，影響をおよぼすことはできない。イ. 下級裁判所の裁判官は，最高裁判所の指名した者の名簿にもとづいて内閣が任命すると憲法に定められている。したがって，最高裁判所は下級裁判所の裁判官の任命に関与することが認められている。ウ. 裁判は，審理の公正を期すために，公開が原則である。

(3)**控訴・上告**のように，上級裁判所に対して裁判のやり直しを求めることを上訴という。

58

答　(1) ア　(2) イ

検討　(1)イ. 裁判員は裁判官とともに評議に参加する。ウ. 学生や高齢，重病など正当な理由があれば辞退できる。エ. 裁判員は任務終了後も生涯を通して守秘義務を負う。

(2)イ. **検察審査会**は，有権者の中から抽選によって選ばれた国民からなる。

12 地方自治と住民福祉

基本問題 ●●●●●●●●●●●●●●● 本冊*p.41*

59

答　(1) イ　(2) ア　(3) オ　(4) エ
(5) ウ　(6) ク　(7) カ

検討　(1)・(2)「**地方自治の本旨**」とは，地方自治の基本原則という意味である。これにもとづいて**地方自治法**が定められている。

(7)**地方分権一括法**により，国と地方は対等の関係となり，それぞれの役割が明確にされた。

60

答　(1) ① 4　② 30　③ 4　④ 25　⑤ 4
⑥ 25
(2) ① ア　② エ　③ ウ　④ カ　⑤ オ

検討　(2)首長と地方議会は，それぞれの独自性を尊重しながらも，抑制と均衡の関係にある。

61

答　(1) ① エ　② イ　③ オ　④ キ
(2) 直接請求権　(3) オンブズマン制度

検討　(1)請求後に実施された**住民投票**において，過半数の賛成があれば議会は解散，首長・議員は失職となる。

(3)**オンブズマン制度**は，スウェーデンで初めて設けられた。日本では地方レベルで設けられ，国レベルのものは制度化されていない。

標準問題 ●●●●●●●●●●●●●● 本冊*p42*

62

答　(1) ① リコール
② A ブライス　B 民主主義
③ 三位一体改革
(2) エ

検討　(1)①直接請求権のうち，条例の制定・改廃は**イニシアティブ**，住民投票は**レファレンダム**とよばれる。

②地域住民が身近な地域の政治に参加することは，民主主義を実現する基礎となる。

③補助金とは**国庫支出金**のことで，国が地方公共団体に対してその経費の一部または全部を支出する費用。**地方交付税**とは，地方公共団体間の財政格差を是正するため，国から配分される資金。

(2)ア. 都道府県知事の被選挙権は満30歳以上であるが，市町村長の被選挙権は満25歳以上。イ. **不信任決議権**に対抗して，首長には議会の解散権が与えられている。ウ. 選挙管理委員会に提出する。

 テスト対策

●**直接請求権**
　直接請求を行うことができる事項，必要署名数，請求先についてはよく出題される。それぞれ整理しておさえておこう。

13 世論の形成と国民の政治参加

基本問題 ●●●●●●●●●●●●●● 本冊p.44

❻❸

答 (1) ① 政党 ② マニフェスト
③ 与党(よとう) ④ 野党(やとう) (2) 政党政治
(3) ① 政治資金規正法 ② 政党助成法

検討 (1)①政党が政権の獲得を目的とするの
に対して、**圧力団体**は利益集団ともよばれ、
その団体特有の利益を実現することを目的と
する集団である。
②**マニフェスト**は、政権獲得後に実施する具
体的な政策を、実施の手順や時期、数値目標
などとともに明示したものである。
(3)②**政党交付金**は、政党の活動のために公
費から支給される資金で、政治献金を規制す
るかわりに制度化された。

❻❹

答 (1) ① 直接選挙 ② 秘密選挙
③ 平等選挙 ④ 普通選挙
(2) ① 比例代表制 ② 大選挙区制
③ 小選挙区制 ④ 死票
⑤ 小選挙区比例代表並立制(へいりつ)

検討 (1)④**普通選挙**に対して、選挙資格に制
限がある選挙を制限選挙という。
(2)⑤**小選挙区比例代表並立制**は、1994年に
導入された制度で、それまで衆議院議員選挙
では大選挙区制の一種である1選挙区から3
～5人の議員を選出する中選挙区制が採用さ
れていた。

❻❺

答 (1) ① 289 ② 11 ③ 176 ④ 拘束(こうそく)
⑤ 選挙区制 ⑥ 148 ⑦ 1 ⑧ 100
⑨ ドント
(2) ① 公職選挙法 ② 戸別訪問
③ 連座制(れんざ) ④ 一票の格差

検討 (1)⑨**ドント式**は比例代表制における議席
を配分する方法の1つで、各党の得票数を1,
2, 3, …と整数で順次割り、商の大きい順に
議席が配分される。
(2)④「**一票の格差**」について、最高裁判所は、
衆議院議員選挙では、ほぼ2倍以上の格差
があるとき、違憲状態であると判断している。

標準問題 ●●●●●●●●●●●●●● 本冊p.45

❻❻

答 エ

検討 ア．**普通選挙**についての説明である。**平
等選挙**とは、一人一票で、一票の価値が同じ
選挙のこと。イ．**小選挙区制**についての説明
である。比例代表制では、死票は比較的少な
いが、小党が分立し、政局が不安定になるお
それがある。ウ．参議院議員選挙の比例代表
選挙については、有権者は政党名あるいは候
補者個人名を記入して投票する。

14 経済社会とその変容

基本問題 ●●●●●●●●●●●●●● 本冊p.46

❻❼

答 (1) 自由放任(ほうにん)主義(レッセ・フェール)
(2) 小さな政府 (3) 修正資本主義
(4) 大きな政府 (5) 新自由主義

検討 (2)「**小さな政府**」は、夜警国家と同じよ(やけい)
うな意味をもつ。
(4)「**大きな政府**」は、福祉国家と同じような
意味をもつ。

❻❽

答 (1) ① ケインズ ② マルクス
③ アダム=スミス (2) イ

検討 (2)ア．ローズベルト大統領は、世界恐慌(きょうこう)
後の不況に対処するため、公共事業を行うな
ど経済に積極的に介入する**ニューディール政**

策を実施した。これは，**修正資本主義**にもとづく。**ウ**．サッチャー首相は，レーガン大統領と同様に**新自由主義**にもとづく政策を行った。

標準問題 ●●●●●●●●●●●●●●●●●●● 本冊*p.47*

69

答　エ

検討　**ア**．イギリスの経済学者**アダム＝スミス**についての説明。アダム＝スミスは，資本主義経済における自由競争の有効性を主張した。**イ**．**マルクス**は，資本主義社会における資本家と労働者の階級闘争を指摘し，生産手段の社会的所有，計画経済(商品の生産・流通・分配などを政府が管理・運営)という社会主義経済への移行の必要性を主張した。**ウ**．イギリスの経済学者**ケインズ**についての説明。ケインズは，失業の原因を**有効需要**(購買力をともなう需要)の不足と考えた。

15 企業の働き

基本問題 ●●●●●●●●●●●●●●●●●● 本冊*p.49*

70

答　(1) A　公企業　B　私企業　C　法人企業
(2) 利潤(利益)　(3) 株式会社

検討　(1)**公企業**は，政府や地方公共団体が出資・経営する企業，**私企業**は，利潤(利益)の追求を目的とする企業，**法人企業**は，複数の人々が共同出資によって設立した企業のこと。(3)**株式会社**は，株式の発行により集められた資金をもとに設立される会社のこと。

71

答　(1) ① 有限　② 配当
③ 株主総会　④ 取締役
(2) 所有(資本)と経営の分離

検討　(1)②株主は，出資比率(株式の持ち分比率)に応じて**配当**を受ける権利をもつ。

(2)株主は，配当や株価上昇など経営的利益のみを求め，経営に直接参加しない場合が多い。

72

答　(1) CSR　(2) 多国籍企業
(3) ① イ　② オ　③ ア　④ キ
⑤ エ　⑥ ウ　⑦ カ

検討　(1)**企業の社会的責任**(CSR)には，雇用の創出や環境への配慮などが含まれる。
(2)日本の大企業の多国籍化は1970年代にはじまった。
(3)アのコンプライアンスは法令遵守，イのコングロマリットは複合企業，**カ**のディスクロージャーは情報公開，**キ**のコーポレート・ガバナンスは企業統治と訳される。

標準問題 ●●●●●●●●●●●●●●●●●●● 本冊*p.50*

73

答　ウ

検討　**ア**．株式会社で会社を所有しているのは株主。**イ**．すべての株主は**有限責任**であり，出資した金額の範囲内でのみ責任を負う。会社が倒産した場合でも，出資額以上の責任を負う必要はない。**エ**．会社法の施行により，最低資本金制度は廃止され，資本金が1円でも株式会社を設立できるようになった。

74

答　エ

検討　**エ**．**フィランソロピー**についての説明。**メセナ**とは，芸術・文化などへの支援活動。

16 市場の働き

基本問題 ●●●●●●●●●●●●●●●●●● 本冊*p.52*

75

答　(1) ① 需要量　② 供給量
③ 均衡価格　④ 価格の自動調整機能

(2) ① イ　② エ　③ カ　④ ア　⑤ エ
⑥ ウ

検討 (1)④**価格の自動調整機能**は価格機構(価格メカニズム)ともよばれ，社会全体の資源配分を最適化する働きをしている。
(2)価格が下落すると，需要量は増加し，供給量は減少するので，**需要曲線は右下がり，供給曲線は右上がり**となる。

⑯

答 (1) ① 寡占(か せん)　② カルテル(企業連合)
③ 独占禁止法　④ 公正取引委員会
⑤ 外部不経済
(2) ① プライス・リーダー　② 管理
③ 下方硬直性(か ほうこうちょくせい)　④ 非価格

検討 (1)②**カルテル**(企業連合)に対し，同業種の複数の企業が，独立性を捨てて合併し，新しい1つの企業を組織することを**トラスト**(企業合同)，株式の所有などによって異業種の複数の企業を重層的に支配することを**コンツェルン**(企業連携)という。
④**公正取引委員会**は，違法カルテルや過大景品に対する排除(はいじょ)命令，課徴金の措置などを行うことができる。
(2)④寡占市場において，各企業は価格引下げ競争を避けて**非価格競争**を行い，商品の差別化をはかり，マーケットシェア(市場占有率)の拡大をめざす。

標準問題 •••••••••••••••••••• 本冊*p.53*

⑰

答 (1) ✕　(2) 均衡価格
(3) ① 独占禁止法　② 公正取引委員会
(4) 市場の失敗

検討 (4)**市場の失敗**の原因としては，寡占や独占の形成，外部不経済，公共財の供給などがあげられる。

⑱

答 ウ

検討 ア．供給量が需要量を超過している場合，売れ残りが生じるため，価格は下落する。イ．非価格競争がみられるのは，寡占市場。独占市場では1社で市場を独占しているため，価格競争も非価格競争も行われない。また，非価格競争は他の企業が市場に参入するのを防ぐためではなく，マーケットシェア(市場占有率)を拡大するために行われる。エ．経済産業省ではなく，**公正取引委員会**。

17 国民所得と景気変動

基本問題 •••••••••••••••••••• 本冊*p.55*

⑲

答 (1) ① イ　② ア　③ ウ　④ カ　⑤ オ
(2) ① 中間生産物の額　② GDP(国内総生産)
③ 固定資本減耗(げんもう)(減価償却費)(げん か しょうきゃく)　④ 間接税
(3) 実質経済成長率

検討 (2)①「中間生産物の額」とは，生産物のうち，他の生産物を生産するために使われた原材料などの額のこと。
②GNPは，GDPに「海外からの純所得」(国民が海外で得た収入から，外国人が国内で得た収入を差し引いたもの)を加えて計算する。
④間接税は市場で取引される商品価格に含まれるため差し引き，補助金が交付された生産者はその分，商品価格を安くしているため加える。
(3)**実質経済成長率**は，物価指数(内閣府が発表するGDPデフレーター)を用いて名目経済成長率を修正したものである。

⑳

答 (1) ① 後退　② 不況
(2) ① キチン　② 10　③ 設備投資

④ 建設投資　⑤ コンドラチェフ

⑥ 50〜60

検討 (1)景気変動とは，経済の活動が活発な時期と停滞している時期が交互に繰り返されること。資本主義経済下では，そのような循環的な変動を繰り返しながら経済成長がはかられている。

81

答 (1) ① インフレーション

(2) ② デフレーション

(3) ③ スタグフレーション

④ 石油危機(オイル・ショック)

検討 (3)③**スタグフレーション**は，スタグネーション(景気停滞)の下でのインフレーションという意味。

標準問題 ●●●●●●●●●●●●●●●● 本冊 *p.56*

82

答 エ

検討 ア．GDP(国内総生産)は，一国内で1年間に新たに生産された付加価値の合計額のことである。「総生産額−中間生産物の額」で計算される。イ．GDPは，GNP(国民総生産)から「海外からの純所得」を差し引いたものである。GNPから固定資本減耗(減価償却費)を引くとNNP(国民純生産)が求まり，NNPから間接税を引いて補助金を加えるとNI(国民所得)が求まる。ウ．GDPには，日本国内にある外国企業が生産した価値の額は含まれるが，海外にある日本企業が生産した価値の額は含まれない。

83

答 (1) B エ　D ウ　(2) ア

検討 (1)景気変動は，基本的には，**好況→後退→不況→回復**という4つの局面を繰り返す。(2)イは不況，ウは後退，エは回復についての説明。

 テスト対策

●**国民所得の計算方法**

・GDP(国内総生産)
　＝総生産額−中間生産物の額

・GNP(国民総生産)
　＝GDP＋海外からの純所得

・NNP(国民純生産)
　＝GNP−固定資本減耗(減価償却費)

・NI(国民所得)
　＝NNP−(間接税−補助金)

18　金融の働き

基本問題 ●●●●●●●●●●●●●●●● 本冊 *p.58*

84

答 (1) ① 硬貨　② 預金通貨

③ 管理通貨制度　④ マネーストック

(2) ① 直接金融　② 間接金融　③ 信用創造

④ フィンテック　⑤ 仮想通貨

検討 (1)③**管理通貨制度**の下では，通貨量の管理を通じた金融政策がとりやすい。ただし，政府の経済成長政策で通貨(不換紙幣)が増発されやすく，インフレーションを招く危険性がある。

④旧**マネーサプライ**。

(2)③市中金融機関は，預金されたものの一定割合を預金準備金(支払い準備金)として日本銀行に預けることが義務づけられているが，その残額を貸し付けに回すことができる。

⑤法定通貨は発行主体は中央銀行・政府であり，国がその価値を裏づけるが，仮想通貨は発行主体が存在せず，ブロックチェーンの技術がその運用を支えている。

85

答 (1) ① 発券　② 銀行　③ 政府

(2) ① 公開市場操作(オープン・マーケット・オペレーション)　② コールレート

検討 (1)日本銀行は日本の中央銀行。政府や市中金融機関と取引を行い，個人とは取引しない。
(2)①かつては金融政策の中心的な手段は，公定歩合(ぶあい)操作であったが，金利の自由化により，公定歩合の政策金利としての機能は低下した。現在では，**公開市場操作(オープン・マーケット・オペレーション)**が金融政策の中心となっている。

86

答 (1) ① 売り ② 買い ③ 引き上げ ④ 引き下げ
(2) ① ペイオフ ② BIS規制(バーゼル合意) ③ ゼロ金利政策 ④ 量的緩和(りょうてきかんわ)政策

検討 (1)①好況期には，**売りオペレーション**を行う→日銀が有価証券を売り，市中金融機関から通貨を吸収→流通通貨量が減少→景気過熱・インフレが抑制(よくせい)。
③好況期には，**預金準備率**を引き上げる→市中金融機関の手持ち資金が減少→貸し出される通貨量が減少→景気過熱・インフレが抑制。
(2)①**ペイオフ**は，2010年に初めて発動された。

標準問題 本冊p.59

87

答 イ

検討 ア．**間接金融**と**直接金融**についての記述が逆。ウ．ペイオフではなく，ディスクロージャーが正しい。エ．**日本銀行券**(紙幣)は日本銀行が発行しているが，硬貨を発行しているのは，独立行政法人の造幣(ぞうへい)局である。

88

答 ア

検討 イ．「国債の購入」は**買いオペレーション**のことで，景気が停滞しているときに行われる。ウ．景気過熱を抑制するためには，**預金準備率(支払い準備率)操作**では預金準備率を引き上げる必要がある。エ．日本銀行が行う金融政策ではなく，景気が加熱しているときに政府が行う財政政策である。

19 政府の経済的役割と租税

基本問題 本冊p.61

89

答 (1) ① 予算 ② 一般会計 ③ 特別会計 ④ 財政投融資(ざいせいとうゆうし) ⑤ 建設国債 ⑥ 特例(赤字)国債
(2) ① 資源配分 ② 所得再分配 ③ 累進(るいしん)課税 ④ 社会保障 ⑤ 景気調整 ⑥ フィスカル・ポリシー ⑦ ビルト・イン・スタビライザー

検討 (1)⑤・⑥財政法上，**建設国債**は発行することが認められているが，**特例(赤字)国債**の発行は禁止されている。そのため，特例国債を発行するためには，会計年度ごとに国会の議決を経て財政特例法を制定する必要がある。
(2)⑥・⑦**フィスカル・ポリシー**は裁量(さいりょう)的財政政策，**ビルト・イン・スタビライザー**は自動安定化装置ともよばれる。

90

答 (1) ア，エ
(2) 累進(るいしん)課税制度，社会保障制度

検討 (1)不況期には，需要(じゅよう)を創出して，景気を刺激するため，公共事業の拡大，減税という方法がとられる。
(2)社会保障制度としては，生活保護，失業保険などがあげられる。

91

答 (1) ① 国 ② 地方 ③ 直接 ④ 間接
(2) イ，エ (3) イ，ウ (4) 累進課税制度

検討 (1)②地方税は，(都)道府県税と市(区)町村税に分けられる。

(4)**累進課税制度**は，所得格差を是正し，税負担の**垂直的公平**をはかることを目的としている。

92

答　(1) ① ア　② イ　③ エ　④ オ

(2) ① 直間比率　② 直接　③ 市中消化

④ 日本銀行

(3) ① 国債費　② 財政の硬直化

検討　(1)③・④**間接税**である消費税は，所得の高低にかかわらず一律に課税されることから，所得の低い者ほど相対的に大きな負担を強いられるという逆進性が指摘されている。
(2)③・④日本銀行の直接引き受けにすると，日銀は直ちに通貨を増発して支払うようにすることから，インフレーションを引き起こす危険性が高いためである。
(3)国債費は，近年では一般会計歳出の20％強を占めている。

標準問題 •••••••••••••••••• 本冊*p.63*

93

答　(1) ウ　(2) イ

検討　(1)高齢化の進展により，医療や年金などに関する**社会保障関係費**の割合が増加傾向にある。
(2)ア．景気が過熱しているときには，社会保障の給付は減少する。ウ．景気が停滞しているときには，公共投資を拡大する。エ．累進課税制度が導入されている所得税などの直接税による収入の割合を増加させている。

94

答　(1) ア　(2) エ

検討　(1)イ．**法人税**は，国へ納める国税であり，直接税である。ウ．**消費税**は間接税であり，商品を買った消費者が税を負担するが，納税

義務者はその商品を売った小売店などである。エ．**所得税**は，直接税である。
(2)ア．消費税などの間接税についての説明である。直接税は，税金の支払い能力に応じて負担するもので，税収は景気変動の影響を受けやすい。イ．日本やアメリカでは直接税の比率が高く，ヨーロッパでは間接税の比率が高い。ウ．**水平的公平**と**垂直的公平**の説明が逆である。エ．**逆進性**とは，低所得者ほど税負担の割合が大きくなる性質のこと。

 テスト対策

●おもな租税の種類

		直接税	間接税
国税		所得税 法人税 相続税 贈与税　ほか	消費税 酒　税 関　税 揮発油税 たばこ税　ほか
地方税	（都）道府県税	（都）道府県民税 事業税 自動車税　ほか	地方消費税 （都）道府県たばこ税 軽油引取税　ほか
	市（区）町村税	市（区）町村民税 固定資産税 軽自動車税　ほか	入湯税 市（区）町村たばこ税 ほか

20 日本経済と産業構造の変化

基本問題 •••••••••••••••••• 本冊*p.65*

95

答　(1) ① 傾斜生産方式

② ドッジ・ライン　③ 特需

④ 高度経済成長

(2) ア，エ

検討　(1)①傾斜生産方式は，復興金融金庫が発行する復興金融債（復金債）を日銀が大量に引き受ける形で資金を調達したため，激しいインフレーションにみまわれた。
④**高度経済成長期**には，神武景気，岩戸景気，

オリンピック景気，いざなぎ景気という好景気が起こった。

96

答 (1)① 第1次石油危機
② 狂乱物価　③ スタグフレーション
④ プラザ合意　⑤ バブル経済
⑥ 不良債権
(2)① 高度化　② ペティ・クラーク
③ サービス　④ ソフト
(3)① 経済の二重構造　② 下請け
③ 農業基本法
④ 食料・農業・農村基本法(新農業基本法)

検討 (1)③**スタグフレーション**は，不況(スタグネーション)と物価上昇(インフレーション)が同時に進行する経済状況。
④**プラザ合意**をきっかけに，米ドル高が是正され円高が急激に進行したため，わが国の輸出産業は大きな打撃を受け，円高不況に陥った。

標準問題 ……………………… 本冊 *p.66*

97

答 (1) C→D→B→A　(2) エ
検討 (1)Aは1985年，Bの第1次石油危機(オイル・ショック)は1973年，第2次石油危機は1979年，Cは1950～53年，Dは1960年。
(2)エ．**バブル経済**崩壊後は，土地・株などの資産価格が暴落したことから，不況とインフレーション(物価高)が共存するスタグフレーションは起こっていない。

98

答 イ
検討 ア．**食糧管理制度**は，日本の主食である米や麦などの食料の価格や供給などを国が管理する制度であり，政府による米の買い上げなどが行われた。ウ．**系列化**と**下請け**についての記述が逆である。エ．中小企業は，中

小企業基本法において，資本金額や従業員数が業種別に定義されている。

✏テスト対策
● **日本経済のあゆみ**
　傾斜生産方式(1947年)→ドッジ・ライン(1949年)→特需景気(1950～53年)→高度経済成長期(1955ごろ～73年)→第1次石油危機(1973年)→第2次石油危機(1979年)→プラザ合意(1985年)→バブル経済(1986～91年)→平成不況，という流れをおさえる。
● **中小企業の定義**

業種	資本金	従業員
製造業，その他	3億円以下	300人以下
卸売業	1億円以下	100人以下
小売業	5,000万円以下	50人以下
サービス業	5,000万円以下	100人以下

21 公害の防止と環境保全

基本問題 ……………………… 本冊 *p.68*

99

答 (1)① 大気汚染，水質汚濁
② 足尾銅山鉱毒事件　③ 産業公害
(2)① 四日市ぜんそく　② イタイイタイ病
③ 有機水銀　④ カドミウム
(3)① イ　② ア
検討 (1)① 典型七公害は，**環境基本法**で規定されている。
(2)**四大公害訴訟**では，いずれも原告である患者側が勝利し，企業の責任が認定された。

100

答 (1)① 公害対策基本法　② 環境基本法
③ 環境影響評価法(環境アセスメント法)

(2) ① 環境省　② 総量規制

③ 汚染者負担の原則(PPP)

④ 無過失責任(制)

⑤ 循環型社会形成推進基本法

⑥ リサイクル

検討 (1)①・②環境基本法の成立により，**公害対策基本法**は廃止された。環境基本法は，公害対策基本法と自然環境保全法を見直して制定された。

③**環境影響評価法(環境アセスメント法)**については，国レベルの法律の制定よりも前の1976年に川崎市が初めて条例化した。

(2)②**総量規制**は，一定地域ごとに有害物質の排出量を制限し，大気汚染防止法などに盛り込まれている。

⑥3Rのうち，**リデュース**は廃棄物を減らすこと，**リユース**は廃棄物の再使用のことをいう。

標準問題 •••••••••••••••••• 本冊 *p.69*

101

答 エ

検討 ア．明治時代にも**足尾銅山鉱毒事件**などが社会問題化した。イ．四大公害訴訟では，いずれも原告である被害者側が勝訴した。ウ．**新潟水俣病**についての説明。**イタイイタイ病**は富山県神通川流域で起こり，原因物質は工場排水に含まれていたカドミウム。

102

答 ア

検討 ア．**環境庁**は1971年に設置され，2001年に環境省に格上げされた。また，公害対策基本法が制定されたのは1967年であり，四大公害訴訟の判決よりも前である。

22 消費者の保護

基本問題 •••••••••••••••••• 本冊 *p.70*

103

答 (1) 消費者主権　(2) クーリング・オフ

(3) ア，イ，オ，カ

検討 (2)例えば訪問販売では，8日間以内であれば，**クーリング・オフ**できる。

(3)「消費者の四つの権利」は，ケネディ大統領が「消費者の利益に関する特別教書」の中で明確にしたもの。

104

答 (1) ① イ　② ウ　③ ア

(2) ① 消費者庁　② 国民生活センター

③ 消費生活センター

検討 (1)①**製造物責任法(PL法)**では，製品に欠陥があったことを立証すれば，製造者などに過失がなくても賠償責任があることを定めている。

②**消費者契約法**は，不当な契約から消費者を保護することを目的としている。

標準問題 •••••••••••••••••• 本冊 *p.71*

105

答 エ

検討 エ．製造物の欠陥による被害に対して，製造者の無過失責任までを規定しているのは，製造物責任法(PL法)。

23 雇用と労働問題

基本問題 •••••••••••••••••• 本冊 *p.73*

106

答 (1) ① 団体行動権(争議権)

② 団体交渉権　③ 団結権

(2) ① ウ　② ア

検討 (1)労働基本権は，日本国憲法第28条で保障されており，使用者がこの権利を侵害することは**労働組合法**によって禁止されている。(2)**ストライキ**は同盟罷業，サボタージュは怠業ともよばれる。

 107

答 (1) ① オ　② ア　③ エ
④ カ　⑤ イ

(2) ① 労働基準監督署　② 労働協約

③ 不当労働行為　④ 労働委員会

検討 (1)ウの男女共同参画社会基本法は，男女が対等な構成員として社会のあらゆる分野に参画する機会を確保する法律。

 108

答 (1) ① 非正規雇用

② ワークシェアリング

③ ワーク・ライフ・バランス

(2) ① 企業別労働組合　② 年功序列型賃金

③ 終身雇用制

検討 (1)②**ワークシェアリング**は，法的に義務づけられているものではないが，導入する企業もあらわれている。
③場所や時間にとらわれない働き方である**テレワーク**は，ワーク・ライフ・バランスを実現するものとして期待されている。
(2)②・③**年功序列型賃金**や**終身雇用制**は，高度経済成長期の日本経済を支えた制度といわれているが，バブル経済崩壊後，崩れつつある。

標準問題 ●●●●●●●●●●●●●●● 本冊*p.74*

109

答 ア

検討 イ．労働契約ではなく労働協約。労働契約は労働者と使用者が個別に結ぶ契約である。

ウ．**不当労働行為**を禁止しているのは，労働関係調整法ではなく**労働組合法**。エ．労使関係を調整し，労働争議を予防・解決するために設けられているのは**労働委員会**。労働基準監督署は，労働条件の維持・向上を指揮・監督するための行政機関である。

 110

答 イ

検討 イ．男女雇用機会均等法の制定・改正後も，労働条件などに関する男女差別は完全には解消されてはいない。

✐ テスト対策

●**労働者の権利**

日本国憲法によって，労働者の権利として労働基本権を保障し，それを具体化するため，労働三法が制定されている。

• **労働基本権(労働三権)**
団結権・団体交渉権・団体行動権(争議権)

• **労働三法**
労働基準法(1947年)・労働組合法(1945年)・労働関係調整法(1946年)

24 豊かな生活と社会福祉

基本問題 ●●●●●●●●●●●●●●● 本冊*p.76*

111

答 (1) ア　(2) イ　(3) エ

検討 (1)世界で初めて「社会保障」という言葉が用いられた。
(2)「ゆりかごから墓場まで」というスローガンが掲げられた。

112

答 (1) ① 社会保険　② 公的扶助

③ 社会福祉　④ 公衆衛生

(2) ① 日本国憲法　② 生存　③ 20
④ 国民年金　⑤ 雇用保険
⑥ ナショナル・ミニマム　⑦ 生活保護

検討　公的扶助，社会福祉，公衆衛生の財源は，すべて国や地方公共団体が負担している。

113
答　(1) ① ク　② エ　③ ア　④ キ
⑤ カ　⑥ オ　(2) ウ

検討　(1)ウの**ユニバーサルデザイン**とは，年齢や障害の有無にかかわらず，最初からできるだけ多くの人が利用可能であるように，商品や街・環境などをデザインすること。

標準問題 ⋯⋯⋯⋯⋯⋯⋯ 本冊 *p.77*

114
答　ウ

検討　ア．生命保険は民間実施の保険であり，社会保険とは関係がない。また，社会保険にかかる費用は，政府・事業主も負担している。イ．国民全体で統一された年金として**国民年金**があり，その上乗せとしてサラリーマンや公務員などは厚生年金に加入。エ．**ノーマライゼーション**では，すべての人々がともに生活することをめざす。

25 国家主権と国際法

基本問題 ⋯⋯⋯⋯⋯⋯⋯ 本冊 *p.78*

115
答　(1) ① 主権　② ウェストファリア
③ ナショナリズム　④ 国際法
⑤ グロティウス　⑥ 国際法の父
(2) ① 主権国家　② 国際慣習法　③ 条約

検討　(1)②**ウェストファリア条約**は，近代における最初の国際条約であり，その後の国際関係を基礎づけた。
(2)②・③**国際慣習法**には，公海自由の原則

や外交特権などがある。**条約**は国際慣習法と異なり，締約国のみを拘束する。

116
答　(1) ① 勢力均衡　② 軍備拡張
(2) ③ 集団安全保障　④ 国際連盟
⑤ 国際連合

検討　(2)④国際連盟では**集団安全保障**がとられていたが，十分に機能せず，第二次世界大戦が起こった。

標準問題 ⋯⋯⋯⋯⋯⋯⋯ 本冊 *p.79*

117
答　イ

検討　ア．ウィーン条約ではなく，ウェストファリア条約。ウ．宣言や議定書は**条約**に含まれる。エ．国際連盟では，集団安全保障の考え方をとっていた。

✏ テスト対策
●国際法
• 条約…協定，規約，憲章なども含まれる。締約国のみ拘束する。
• 国際慣習法…すべての国を拘束する。

26 国際連合のしくみと役割

基本問題 ⋯⋯⋯⋯⋯⋯⋯ 本冊 *p.81*

118
答　(1) ① 国際連盟　② ウィルソン
③ サンフランシスコ　④ 国際連合憲章
⑤ ニューヨーク
(2) ① 総会　② 安全保障理事会
③ 経済社会理事会
④ 国際司法裁判所(ICJ)　⑤ 事務局

検討　(1)③・④・⑤**国際連合**の発足当初の原加盟国は51か国。現在では世界のほとんどの国が加盟している(2021年9月現在193か

国）。国際連合は，世界平和と安全の維持，基本的人権の尊重についての国際協力などを目的としている。

(2)③**総会**で選出される54の理事国で構成。

⑤**事務総長**は安全保障理事会の勧告にもとづいて総会で選出され，任期は5年である。

答　(1)① コ　② サ

(2)③ ス　④ ア　⑤ イ　(3)⑥ ク

(4)⑦ ケ　(5)⑧ オ　⑨ エ

検討　(2)⑤**非常任理事国**は，総会によって選出される。

(5)⑧カの非営利組織の略称はNPO。

答　(1)① 国連教育科学文化機関

② 国際労働機関　③ 世界保健機関

④ 国際通貨基金

(2)① UNICEF　② UNHCR

③ UNCTAD　④ IAEA　⑤ WTO

検討　(1)それぞれの略称は，①UNESCO，②ILO，③WHO，④IMF。

標準問題 ・・・・・・・・・・・・・・・・・・ 本冊*p.82*

答　イ

検討　ア．**国際連盟**についての説明である。国際連合は，大西洋憲章（1941年）でその設立構想が示され，その後，サンフランシスコ会議で**国際連合憲章**が採択されて，1945年に発足した。イ．「**大国一致の原則**」にもとづき，常任理事国には**拒否権**が与えられている。ウ．総会や安全保障理事会における議決は，原則として**多数決制**をとっている。全会一致制が採用されていたのは，第一次世界大戦後に発足した国際連盟である。エ．経済制裁などの非軍事的強制措置だけでなく，軍事的強制措置も認められている。安全保障理事会における決定は加盟国に対して法的拘束力をもつ。

⑫②

答　エ

検討　エ．南北問題の解決をはかることを目的とするのはUNCTAD。IAEAは，原子力の平和的利用の促進を目的とする。

📝**テスト対策**

●**国際機関**

UNESCO，ILOなどの国際機関については，正式名称と略称の組合せ問題として出題されることも多い。

• UNESCO…国連教育科学文化機関
• UNICEF…国連児童基金
• UNHCR…国連難民高等弁務官事務所
• UNCTAD…国連貿易開発会議
• UNHRC…国連人権理事会
• UNDP…国連開発計画
• UNEP…国連環境計画
• WTO…世界貿易機関
• WFP…国連世界食糧計画
• IMF…国際通貨基金
• ILO…国際労働機関
• IAEA…国際原子力機関

27 第二次世界大戦後の国際社会

基本問題 ・・・・・・・・・・・・・・・・・・ 本冊*p.84*

⑫③

答　(1)① カ　② オ　③ イ　④ ウ

⑤ エ　⑥ ア

(2)① キューバ危機　② ホットライン

③ 平和共存　④ デタント（緊張緩和）

⑤ 多極化

検討　(1)ウのコミンフォルムは共産党情報局，エのCOMECONは経済相互援助会議のこと。

****

答　(1) ① 平和10原則　② 非同盟諸国
③ マルタ会談
(2) ① インド　② 平和5原則
③ ペレストロイカ　④ ベルリン
⑤ 独立国家共同体(CIS)

検討　(1)②**非同盟諸国**の条件に，特定の大国を中心とする軍事同盟条約に加わらないこと，外国の軍事基地を置かないことがある。
(2)②**平和5原則**は，現在，国際関係における原則となっている。

標準問題 •••••••••••••••••••• 本冊*p.85*

****

答　① イ　② ウ　③ カ

検討　①**北大西洋条約機構**はＮＡＴＯともよばれる。
②**ワルシャワ条約機構**は，冷戦の終結に伴い，1991年に解体した。略称はＷＴＯ。
　欧州共同体(EC)は，欧州連合(EU)の前身であり，経済統合をめざす地域的国際組織。

****

答　イ

検討　ア．マーシャル・プランに関する記述。**トルーマン・ドクトリン**とは1947年，アメリカ大統領トルーマンが表明した新外交政策で，社会主義勢力を封じ込めることを目的に，ギリシャ・トルコへの軍事的・経済的支援を表明したもの。ウ．ホットライン(ワシントン－モスクワ間を結ぶ直通電話)の設置は，キューバ危機後のことである。エ．**ペレストロイカ**は，ソ連のゴルバチョフが1985年から行った建て直し政策のことで，東西ドイツの統一(1990年)よりも前のことである。また，米ソ二極体制が終結したのは**マルタ会談**(1989年)によってであり，ソ連の消滅(1991年)より前のこと。

28　核兵器と軍縮問題

基本問題 •••••••••••••••• 本冊*p.86*

****

答　(1) 核抑止論　(2) パグウォッシュ会議

検討　(2)1957年に**カナダのパグウォッシュ**で開催された。物理学者のアインシュタインと哲学者のラッセルが中心となり科学技術の平和利用を訴えた。

****

答　(1) ① ウ　② エ　③ ア
(2) ① 地雷　② クラスター爆弾

検討　(1)②**核拡散防止条約(NPT)**では，非核保有国は**IAEA(国際原子力機関)**の査察を受け入れる義務を負う。
③**包括的核実験禁止条約(CTBT)**は，アメリカや中国などが批准していないため，未発効である。
(2)①**対人地雷全面禁止条約**の実現にあたって力を尽くしたNGO(非政府組織)である「地雷禁止国際キャンペーン」は，ノーベル平和賞を受賞した。

標準問題 •••••••••••••••••• 本冊*p.87*

****

答　(1) ア　(2) ウ→ア→エ→イ　(3) イ

検討　(1)核保有が認められている国は，フランスのほか，アメリカ，ソ連，中国，イギリスであり，安全保障理事会の常任理事国にあたる。
(2)アは1968年，イは1987年，ウは1963年，エは1972年。
(3)イ．米ソが核兵器の削減に初めて合意した条約は，**中距離核戦力(INF)**全廃条約。2019年に失効した。

29　人種・民族問題

基本問題 ●●●●●●●●●●●●●●●● 本冊 p.88

130

答　(1) ① パレスチナ問題

② ルワンダ内戦

(2) ① クルド人　② ロシア

③ カシミール地方

④ 旧ユーゴスラビア紛争

検討　(1)②ルワンダでは，旧宗主国ベルギーに優遇され支配部族となっていたツチ族と多数派のフツ族の対立が激しくなり，1990年前半に内戦状態となった。

(2)④1991年に多民族連邦国家が解体した旧ユーゴスラビアでは，独立に伴う内戦で多数の死傷者や難民が発生した。

131

答　(1) アパルトヘイト

(2) 難民の地位に関する条約（難民条約）

(3) UNHCR

検討　(1)**アパルトヘイト**は，白人を優遇し，黒人や有色人種を徹底的に差別する政策。

(2)**難民の地位に関する条約**は難民条約ともよばれる。この条約では，難民を「人種，宗教，国籍，政治的意見または特定の社会集団に属するなどの理由で，自国にいると迫害を受けるかあるいは迫害を受ける恐れがあるため他国に逃れた人々」と規定している。

(3)**国連難民高等弁務官事務所**のこと。

標準問題 ●●●●●●●●●●●●●●●● 本冊 p.89

132

答　ア，ウ

検討　イ．トルコではなくロシア。チェチェン紛争は1994～96年，1999～2009年の2度にわたり起こった。エ．南アフリカ共和国では，白人大統領がアパルトヘイトを廃止した

後，同国初の黒人大統領が誕生するなど，人種間の融和は進みつつある。

30　日本の外交と領土問題

基本問題 ●●●●●●●●●●●●●●●● 本冊 p.90

133

答　(1) ① サンフランシスコ平和

② 日米安全保障　(2) ③ 国連

(3) ④ 6か国協議　⑤ ロシア

(4) ⑥（核）被爆　(5) ⑦ 非核三原則

検討　(1)①サンフランシスコ講和会議では，ソ連がサンフランシスコ平和条約に反対して署名しなかったため，講和（戦争終結の確認）の形式は全面講和にならず，**片面講和**といわれた。

(2)③**外交三原則**の1つである国連中心主義により，日本は国連を中心に外交を展開。

(3)④**6か国協議**は，北朝鮮の核問題などでたびたび中断されており，交渉は進展していない。

134

答　(1) ① 竹島　② 尖閣諸島

③ 択捉島，国後島，色丹島，歯舞群島

(2) ウ→エ→イ→ア

検討　(1)①**竹島**は，1905年に島根県に編入し，日本の領土と宣言しているが，韓国が自国の領海内に竹島を設定し，不法占拠を続けている。

②**尖閣諸島**は，1895年に沖縄県に編入し，日本は「尖閣諸島は日本固有の領土であり，領有権問題は存在しない」との立場を通している。

③**北方領土**は，第二次世界大戦直後の1945年からソ連（現ロシア）が不法に占拠し，日本は返還を求めている。

(2)アは2002年，イは1978年，ウは1956年，エは1965年のできごと。

標準問題 •••••••••••••••••••• 本冊*p.91*

135

答 エ

検討 ア．日本の国連への加盟が実現したのは，1956年に調印された日ソ共同宣言による。イ．尖閣諸島ではなく竹島。尖閣諸島は中国・台湾が領有権を主張しているが，日本領であることは疑いがなく，日本政府は領有権問題は存在しないとしている。ウ．択捉島と国後島ではなく，色丹島と歯舞群島である。

31 国際経済のしくみ

基本問題 •••••••••••••••••••• 本冊*p.93*

136

答 (1) ① 国際分業　② 水平的分業
③ 自由貿易　④ 保護貿易　⑤ 比較生産費説
(2) ① リスト　② リカード

検討 (1)②**水平的分業**に対し，先進国と発展途上国との間で行われる分業は**垂直的分業**。
③・④貿易は，国が関税その他の条件を設定し統制するか否かによって，**保護貿易**と**自由貿易**とに分けられる。
⑤比較生産費説において，相対的に安く生産できる商品のことを「**比較優位にある商品**」という。
(2)①・②**リスト**は，当時は発展途上国であったドイツの経済学者，**リカード**は先進国イギリスの経済学者。リストは，発展途上国では国内の産業を保護・育成するために，保護貿易が必要であると説いた。

137

答 (1) ① 為替レート(為替相場)
② 外国為替市場　③ 円高　④ 円安
⑤ 国際収支　(2) ① ア　② エ

検討 (1)③1ドル＝120円から1ドル＝100円になると，それまでよりも少ない円で1

ドルを交換できるため，ドルに対して円の価値が高くなったことになる。
④1ドル＝100円から1ドル＝120円になると，1ドルと交換するために，それまでよりも多くの円を必要とするから，ドルに対して円の価値が低くなったことになる。
(2)円高になると，輸出品の価格が上昇するため，輸出産業には不利となり，輸出数量は減少する。

138

答 (1) ① オ　② ア　③ イ
④ カ　⑤ エ　(2) 黒字

検討 (1)**外貨準備**とは，政府や中央銀行が，外国への支払いのために保有している金や外貨などの準備資産のこと。
(2)日本は，東日本大震災などの影響により，2011～15年は貿易収支は赤字だったが，近年は黒字基調。また，過去に投資した資産から得た収益が多いことから，第一次所得収支は黒字が続いている。

標準問題 •••••••••••••••••••• 本冊*p.94*

139

答 エ

検討 ア．円高が進むと，輸出品の価格は上昇して輸出不利となり，日本の輸出産業の国際競争力は弱まる。イ．円高が進むと，輸入品の価格は下落するため，インフレーションの可能性は低下する。ウ．円高が進むと，輸入有利，輸出不利となるため，日本の貿易収支は赤字の方向に向かう。エ．日本の金利がアメリカより高い場合，ドルが日本へ流入する。このとき，外国から流入したドルを円に交換する額が増加するため，円高になる。

140

答 エ

検討 エ．2014年から国際収支統計が見直され，かつて社会資本への無償資金援助は，資本

収支の「その他資本収支」に分類されたが，現在は**資本移転等収支**に分類される。国際機関を通じての無償資金援助の場合は，経常収支の**第二次所得収支**に分類されることになった。

> ✎ **テスト対策**
>
> ●**円高・円安**
>
> 　円高・円安の定義と，その影響についてはよく出題される。円高→輸出品の価格上昇→輸出産業に不利→輸出数量減少，という流れを確認しておこう。

32 戦後の国際経済体制

基本問題 •••••••••••••• 本冊*p.96*

⑭❶

答 (1) ① IMF・GATT体制

　② 固定為替相場制

　③ 360円　(2) ① IMF　② IBRD

　③ GATT　④ WTO

検討 (1)①**IMF・GATT体制**は，戦後の国際貿易の自由化と経済成長などを目的とする国際通貨体制。IMFは1944年のブレトン・ウッズ協定にもとづいて設立された。

②**スミソニアン協定**により，1971年末以降は 1 ドル＝308円に切り上げられ，1973年以降は**変動為替相場制**に移行した。

(2)①は**国際通貨基金**，②は**国際復興開発銀行（世界銀行）**，④は**世界貿易機関**の略称。

⑭❷

答 ① オ　② ウ　③ エ　④ コ　⑤ ケ

　⑥ ア

検討 ①アメリカの国際収支赤字が拡大したのは，対外援助やベトナム戦争による軍事費などが増加したためである。

③ドルの信用低下を受けて，スミソニアン協定が合意され，各国通貨は切り上げられたま

ま，変動幅2.25％の固定為替相場制へ移行した。しかし，アメリカの国際収支の赤字は解消されなかった。

⑥IMF暫定委員会で合意された。

⑭❸

答 (1) 最恵国待遇　(2) ラウンド

　(3) ウルグアイ・ラウンド　(4) セーフガード

検討 (1)GATTの三原則には，無差別のほか，自由化，多角主義があった。

(2)1964年からケネディ・ラウンド，1973年から東京ラウンド，1986年からウルグアイ・ラウンドが設定された。

(3)**ウルグアイ・ラウンド**では，農業・サービス業などの非工業分野，特許権・著作権などの知的財産についても協議の対象とされた。

(4)**セーフガード**は関税や輸入数量制限のことで，安価な輸入品の流入や価格暴落による打撃から国内産業を救うための措置。WTOの加盟国に対して期間限定で認められる。

標準問題 •••••••••••••• 本冊*p.97*

⑭❹

答 (1) ① ブレトン・ウッズ

　② IMF（国際通貨基金）

　③ WTO（世界貿易機関）

　(2) ウ　(3) 関税と貿易に関する一般協定

　(4) エ

検討 (2)ウ以外は，IMFについての記述である。ただし，「為替の安定」や「為替取引制限の撤廃」は設立当初の固定為替相場制のもとでの目的であった。

(3)GATTは協定であったのに対し，発展的に解消して設立されたWTOは国際機関。

(4)ア．1 ドル＝360円に設定された。イ．キングストン合意ではなく，スミソニアン協定である。スミソニアン協定は，ニクソン・ショック後の為替相場を再建するための協定である。ウ．1973年，他の主要国とともに変動為替相場

制に移行した。**エ**. プラザ合意後, 急激に円高が進み, 日本は円高不況にみまわれた。

 テスト対策

●**変動為替相場制への移行**

　日本の為替レート(為替相場)は, 1949年の1ドル=360円の固定為替相場制に始まり, 1971年に1ドル=308円に切り上げられるが, 1973年以降は変動為替相場制へ移行した。その流れをおさえておこう。

33 経済のグローバル化

基本問題 •••••••••••••••••••• 本冊p.98

⑭

答 (1) ① EC(欧州共同体)
② マーストリヒト条約(欧州連合条約)
③ リスボン条約　④ ア
(2) ① 正式名称:アジア太平洋経済協力
説明:ウ
② 正式名称:東南アジア諸国連合
説明:イ
③ 正式名称:南米南部共同市場　説明:エ
④ 正式名称:米国・メキシコ・カナダ協定
説明:ア

検討 (1)①**EC(欧州共同体)**は, イタリア, フランス, 西ドイツ, ベルギー, オランダ, ルクセンブルクの計6か国で1967年に発足。
②**マーストリヒト条約(欧州連合条約)**では, 統一通貨の完全実施や政治協力の実現などについて合意。
(2)①**APEC(アジア太平洋経済協力)**では, アジア太平洋自由貿易圏(FTAAP)の創設をめざしている。
②**ASEAN(東南アジア諸国連合)**では, 日本, 中国, 韓国を含めた「ASEAN+3」という枠組みにおいて, FTA(自由貿易協定)・EPA(経済連携協定)を検討する動きも活発化。

⑭

答 (1) EPA　(2) FTA　(3) TPP

検討 (1)**EPA(経済連携協定)**は, FTAを発展させ, 人の移動や投資ルールなど幅広い分野での経済的な協力を含めた協定。
(2)**FTA(自由貿易協定)**は, 特定の国・地域間における関税や輸出入制限などの貿易障壁を撤廃し, 自由化をめざす協定。
(3)**TPP(環太平洋経済連携協定)**は, シンガポール, ニュージーランド, チリ, ブルネイの4か国間で2006年にはじまった貿易協定。現在は日本やカナダ, ベトナムなど11か国が加盟している。

標準問題 •••••••••••••••••••• 本冊p.99

⑭

答 イ

検討 EU加盟国のうち, デンマークやスウェーデンは**ユーロ**を導入していない。

⑭

答 イ

検討 **ア**. EU(欧州連合)は, ヴェルサイユ条約ではなくマーストリヒト条約(欧州連合条約)の発効により発足した。また, EUの前身ECの発足当時の加盟国が6か国。**イ**. **南米南部共同市場(MERCOSUR)**は, ブラジル, アルゼンチン, ウルグアイ, パラグアイの南米4か国間で1995年に発足した。**ウ**. APEC(アジア太平洋経済協力)ではなく, ASEAN(東南アジア諸国連合)の説明。AFTAはASEAN自由貿易地域のことで, 自由貿易圏の形成をめざすものである。**エ**. 日本は, 2002年にシンガポールとの間で**EPA(経済連携協定)**を結んだのを皮切りに, メキシコ, マレーシア, タイ, スイス, インド, ASEANなど, 15か国以上の国・地域との間で**EPA**を結んでいる。

テスト対策

●地域的経済統合

　EUやASEANなどの地域的経済統合については，正式名称と略称の組合せ，加盟国についてよく問われる。

• EU(欧州連合)加盟国

　イタリア，フランス，ベルギー，オランダ，ルクセンブルク，ドイツ，アイルランド，デンマーク，ギリシャ，スペイン，ポルトガル(以上11か国はEU発足当初の加盟国)，オーストリア，フィンランド，スウェーデン，エストニア，ラトビア，リトアニア，ポーランド，チェコ，スロバキア，ハンガリー，スロベニア，マルタ，キプロス，ブルガリア，ルーマニア，クロアチア
　　　　　　　　　　　　　　(計27か国)

• ASEAN(東南アジア諸国連合)加盟国

　インドネシア，マレーシア，フィリピン，シンガポール，タイ(以上5か国は原加盟国)，ブルネイ，ベトナム，ラオス，ミャンマー，カンボジア　　　(計10か国)
　　　　　　　　※いずれも2021年9月現在

34 南北問題と国際協調

基本問題 ・・・・・・・・・・・・・・・・本冊 *p.100*

🔢 149

答 (1) ① 南北問題　② 南南問題
③ モノカルチャー経済
④ 新国際経済秩序(NIEO)樹立宣言
⑤ 後発発展途上国(LDC)
(2) ① エ　② イ

検討 (1)④新国際経済秩序(NIEO)樹立宣言は，自由貿易は先進国には有利だが，発展途上国には不利であるとして，天然資源に対する恒久的主権の確立を求めた。
(2)ア．DAC(開発援助委員会)はOECD(経済協力開発機構)の下部機関。

🔢 150

答 (1) 主要国首脳会議(サミット)
(2) G20サミット
(3) ODA(政府開発援助)

検討 (3)ODA(政府開発援助)には，発展途上国に対し直接援助を行う二国間援助と，国際機関を通して援助する多国間援助がある。

標準問題 ・・・・・・・・・・・・・・・・本冊 *p.101*

🔢 151

答 イ

検討 イ．「貿易より援助を」ではなく「援助より貿易を」が正しい。このスローガンのもと，発展途上国の貿易拡大のため国際協力の必要性を強調する報告書が提出された。

🔢 152

答 ウ

検討 SDGsには，具体的には「貧困をなくそう」「飢餓をゼロに」「質の高い教育をみんなに」などがある。

35 地球環境問題

基本問題 ・・・・・・・・・・・・・・・・本冊 *p.103*

🔢 153

答 ① 温室効果　② 地球温暖化
③ 気候変動枠組み　④ 京都議定書
⑤ 成層　⑥ フロンガス
⑦ 紫外線　⑧ モントリオール
⑨ 硫黄酸化物　⑩ 窒素酸化物

検討 ①温室効果ガスとは，地表から放射された熱(赤外線)を一部吸収し，地表を温める働きをする気体のこと。二酸化炭素，メタン，フロンガスなどがある。
④京都議定書は，先進国に温室効果ガス排出量の削減を義務づけたもの。2008〜12年の間に1990年比で先進国全体で5.2%以上，

国・地域別では日本 6 ％，アメリカ 7 ％，EU 8 ％を削減することを義務づけている。2001 年にアメリカは離脱を表明した。

⑥**フロンガス**は，炭素，フッ素，塩素などの化合物で，エアコンや冷蔵庫の冷媒，殺虫剤の噴射剤など幅広く使用されてきた。モントリオール議定書の改定により，先進国は特定フロンの消費・生産を 1995 年末までに全廃している。

154

答 (1) 世界遺産条約　(2) ラムサール条約
(3) ワシントン条約　(4) バーゼル条約
(5) パリ協定

検討 (1)正式名称は「世界の文化遺産および自然遺産の保護に関する条約」。日本からは，姫路城，原爆ドーム，知床，小笠原諸島など 25 か所が世界遺産に登録されている(2021年 9 月現在)。
(2)正式名称は「特に水鳥の生息地として国際的に重要な湿地に関する条約」。日本の登録湿地数は 53 か所(2021 年 11 月現在)。
(3)正式名称は「絶滅のおそれのある野生動植物の種の国際取引に関する条約」。
(4)正式名称は「有害廃棄物の国境を越える移動及びその処分の規制に関するバーゼル条約」。

155

答 ① 国連人間環境
② ストックホルム　③ かけがえのない地球
④ 国連環境開発　⑤ リオデジャネイロ
⑥ 持続可能な開発　⑦ アジェンダ21

検討 ⑥「**持続可能な開発**」とは，開発と環境保全を調和させながら，社会の発展を持続させようとする考え方のこと。

標準問題 •••••••••••••••••••• 本冊 *p.104*

156

答 (1) ① 持続可能な開発

② アジェンダ21
(2) オゾンホール
(3) ① かけがえのない地球
② 国連環境計画(UNEP)
(4) ① ア　② エ
(5) グリーンコンシューマー

検討 (3)②**国連環境計画(UNEP)**は，国連人間環境会議で採択された「人間環境宣言」および「環境国際行動計画」を実施に移すための機関として設立された。
(4)①規制の対象となる**温室効果ガス**は，二酸化炭素，メタン，亜酸化窒素(一酸化二窒素)，HFC(ハイドロフルオロカーボン)，PFC(パーフルオロカーボン)，SF6(六フッ化硫黄)の 6 種類。HFC と PFC はともに，フロンガスの一種である。②ア.**京都議定書**が発効したのは 2005 年のことであり，採択から発効まで 8 年かかった。イ. 法的拘束力のある数値目標が設定されたのは先進国のみである。世界最大の二酸化炭素排出国である中国は発展途上国に分類されるため，排出削減義務は課されていない。ウ. 議定書からの離脱を宣言したのはアメリカである。エ.このしくみを排出量(権)取引という。

36 資源・エネルギー問題

基本問題 •••••••••••••••••••• 本冊 *p.106*

157

答 (1) 化石燃料　(2) 可採年数
(3) OPEC(石油輸出国機構)
(4) エネルギー革命
(5) バイオマス・エネルギー
(6) 燃料電池　(7) コージェネレーション
(8) 環境税
(9) 循環型社会形成推進基本法

検討 (2)**可採年数**は，あと何年その資源を採掘できるかという年数を示したもの。

(3)国際石油資本(石油メジャー)は，第二次世界大戦後，中東地域における油田の探査・採掘，精製，販売を支配していた。

答 (1)① ウ　② エ　(2) ウ

(3) A 日本　B カナダ　C フランス

検討 (2)天然ガスは化石燃料の1つ。

(3)Aは火力の割合が高いことから，アメリカか日本であるが，アメリカでは原子力発電の割合が20％近く占めるので日本。Bは水力の割合が高いので森林資源に恵まれているカナダ，Cは原子力発電が70％以上を占めるのでフランス。

標準問題 •••••••••••••••• 本冊p.107

答 (1)① イ　② ウ　③ カ

(2) 放射能　(3) 再生可能エネルギー

(4)① 地熱発電　② 太陽光発電

検討 (3)日本では，再生可能エネルギー普及のため，固定価格買取制度が導入されている。

(4)地熱発電，太陽光発電とも実用化が進められている。

答 エ

検討 ア．エネルギー革命は，石炭から石油への転換。イ．石油の可採年数は新鉱脈の発見などにより，増加傾向にある。ウ．1割にも満たない。オ．コージェネレーションについての説明。スマートグリッドとは，情報技術を活用して，電力の流れを供給側・需要側双方から制御し，最適化する送電網のこと。

37 科学技術の発達と生命倫理

基本問題 •••••••••••••••• 本冊p.108

答 (1) 生命倫理　(2) 生命工学

(3) 遺伝子情報の総体　(4) 生命の質

(5) 臓器提供者

検討 生命科学はライフサイエンス，臓器移植を受ける患者をレシピエント，生前の意思表示をリビング・ウィルという。

答 (1) クローン技術

(2) ES細胞(胚性幹細胞)　(3) ヒトゲノム

(4) インフォームド・コンセント

(5) 尊厳死　(6) 安楽死

検討 (2)万能細胞のうち，皮膚などの体細胞に遺伝子を導入してつくるものをiPS細胞(人工多能性幹細胞)という。

(4)知る権利や自己決定権などの考え方がその背景にある。

標準問題 •••••••••••••••• 本冊p.109

答 ウ

検討 ア．ヒトゲノム解読は2003年に完了した。イ．安楽死を認める法律は日本では制定されていない。オランダなどで法制化されている。エ．遺伝子組み換え食品については，表示することが義務づけられている。

164

答 イ

検討 イ．本人の意思が不明な場合であっても，家族が承諾すれば，臓器提供は可能である。

38 高度情報社会と私たちの生活

基本問題 •••••••••••••••••• 本冊 *p.110*

 に大別される。

165

答 (1) ユビキタス社会

(2) デジタル・デバイド

検討 (2)所得, 地域, 学歴, 年齢, 先進国・発展途上国など, さまざまな要因によって格差が生じる。

166

答 (1) ① マス・コミュニケーション

② インターネット

(2) ③ SNS(ソーシャル・ネットワーキング・サービス)

(3) ④ 知的財産(知的所有)

(4) ⑤ メディア・リテラシー

検討 ③代表的なSNSに, Facebook, Twitter, Instagramなどがある。

④知的財産権(知的所有権)は, 出版などの著作権と, 特許権, 商標権などの産業財産権

標準問題 •••••••••••••••••• 本冊 *p.111*

167

答 ウ

検討 ウ. マス・メディアが発信する情報は, 主観的で不正確な場合がある。マス・メディアによる過剰な情報伝達の結果, 人々は合理的な思考力や自ら判断する意欲を失い, 単なる操作対象になっている場合もある。

168

答 イ

検討 ア. メディア・リテラシーを高めるためには, 情報をそのまま受け入れるのではなく, 批判的に読み解く姿勢や判断力が重要。ウ. 個人情報保護法についての記述。不正アクセス禁止法は, コンピュータネットワークを使って他人のコンピュータに不正に侵入する行為を禁止する法律。エ. コンピュータソフトにも著作権が認められる。